LAS MEJORES CITAS

DELFÍN CARBONELL

www.lasmejorescitas.guiaburros.es

Diseño de cubierta: © Looking4

Maquetación de interior: © Editatum

Primera edición: Diciembre de 2018

ISBN: 978-84-17681-00-5

Depósito legal: M-41831-2018

Impreso en España/ Printed in Spain

Si después de leer este libro, lo ha considerado como útil e interesante, le agradeceríamos que hiciera sobre él una **reseña honesta en Amazon** y nos enviara un e-mail a **opiniones@guia-burros.com** para poder, desde la editorial, enviarle **como regalo otro libro de nuestra colección.**

Agradecimientos

Las obras de los autores citados me han permitido entresacar esquejes para componer este librito. Sus palabras, sus ideas, convertidas aquí en máximas o aforismos, aparecen fuera de contexto y pertenecen en cada caso a un corpus unitario que puede ser un ensayo, novela, tratado, entrevista o artículo, y animo al lector a descubrir más sobre estos pensadores cuyas aportaciones son vitales para entender la cultura y el pensamiento españoles de nuestra generación.

Todo el librito sería un plagio si no hubiese entrecomillado las palabras prestadas y mencionado a los escritores, y los títulos y las fechas de las obras manejadas. Ellos son los autores reales.

Muchas gracias a los escritores aquí incluidos. A todos los he leído con atención, y me han regalado horas de solaz y gozo, así como sabios consejos en momentos de menoscabo.

Sobre el autor

Delfín Carbonell se formó en la Duquesne University, de Pittsburgh, Pensilvania. Obtuvo un *Master of Arts* de la University of Pittsburgh. Es Licenciado y Doctor por la Universidad Complutense de Madrid.

Ha colaborado en: *Espiral, Cuadernos Hispanoamericanos, Duquesne Hispanic Review, Revista de la Universidad de Yucatán, Actas do Primer Coloquio Galego de Fraseoloxia, Revista Galega de Ensino, Huffington Post, VOXII, Fox News,* etc.

Entre sus publicaciones más relevantes destacan: *Escribir y comunicar en inglés*, (Anaya/Oberón, 2017); *Phonética inglesa* (Anaya 2015); *Escribir bien* (Anaya, 2014); *Gramática inglesa* (Anaya, 2013); *La lengua de Cervantes* (Serbal 2011); *El laberinto del idioma ingles* (Serbal 2009); *Diccionario panhispánico de citas* (Serbal, 2008); *Diccionario soez de uso del español cotidiano* (Serbal, 2007); *Diccionario de clichés* (Serbal, 2006); *Diccionario de modismos, inglés y castellano* (Serbal, 2004); *Breve diccionario coloquial inglés y castellano* (Serbal, 2004); *Diccionario panhispánico de refranes, de autoridades...* (Herder, 2002); *Gran diccionario de argot* (Larousse, 2000); *Diccionario inglés y castellano de argot y lenguaje informal* (Serbal, 1997); *Diccionario de refranes* (Serbal, 1996); *Diccionario fraseológico* (Serbal, 1995); *Diccionario malsonante* (Istmo, 1992).

Índice

El lujo de las meditaciones en español

Meditar es sumergirse en la realidad y darse un baño de ser, nos ha dicho Pablo d´Ors. Y el doctor Marañón escribió: "Cuando se medita, y yo gusto de la meditación, pocas cosas pueden sorprendernos en la vida."

Para darle vuelta a las cosas, meditar sobre ellas, sobre la alegría, la muerte, la vejez, el futuro, la amistad, necesitamos un toque de atención, lecturas, afrontar las ideas de grandes pensadores.

Meditar nos hace fuertes; es preocuparse de las cosas. Meditar en silencio nos abre nuevas experiencias y pone los retos de la vida cotidiana en su justo lugar, sin ilusiones vanas. "Meditar en silencio desenmascarará las falsas ilusiones" nos dice Pablo d'Ors.

Y además podemos citar a nuestros autores cuando deseamos un apoyo a nuestras ideas al hablar o escribir. Como otro valor añadido, podremos descubrir a escritores que no están en nuestro acervo cultural.

Los meditadores eapañoles del siglo XX, y de lo que llevamos del XXI, han publicado obras de gran importancia para el pensamiento universal y han hecho aportaciones intelectuales que nos deberían enorgullecer y que nos ayudarán en nuestro cotidiano quehacer. Los pensadores no se ponen al teclado para escribir ideas brillantes o frases que se puedan citar, o que ayuden a otros a superar los baches del camino de la vida, sino que persiguen unas ideas y las desarrollan en ensayos, novelas, poemas, artículos. Unamuno, Ortega, Benavente, Juan Ramón Jiménez, los María, Marañón, Luis María Anson, Baroja, Azorín, Ramón y Cajal… nos regalan frases para meditar.

La labor del ratón de biblioteca como yo es entresacar lo que considera importante y ofrecer retazos de sus lecturas para que sirván de acicate para ampliar el mundo intelectual del lector, para abrirle horizontes, para estimular su curiosidad y su pensamiento, e inspirar nuevos puntos de vista con que otear la vida y nuestro comportamiento ante ella. Las citas son a la obra lo que los esquejes a un árbol.

Aquí he escogido frases que nos animen a pensar sobre nuestro devenir cotidiano y nos empujen a seguir, y nos den ánimos para que no tiremos la toalla en momentos de menoscabo.

Es todo un lujo poder citar y meditar en lengua castellana.

Tras cada frase o meditación, se nombra al autor y se especifica la referencia de dónde se ha entresacado así como la fecha de la publicación que se ha manejado, con el rigor que se necesita en estos menesteres.

Este libro es una avanzadilla, un pequeño resumen, del corpus de otro más amplio, más completo, más comprehensivo en los temas y en los autores, que abarca a escritores hispanoamericanos. Y es que este trabajo no tiene fin posible. Es labor, repito, de ratoncillo de biblioteca que exige constancia, rigor, paciencia y disciplina, las herramientas principales de los compiladores.

Delfín Carbonell, Ph.D.

A

- **Abnegación**. "Sea abnegado quien pueda, pero no impongamos a nadie la abnegación." Santiago Ramón y Cajal, *Los tónicos de la voluntad*, 1912.
- **Absurdos**. "Solo el que ensaya lo absurdo es capaz de conquistar lo imposible." Miguel de Unamuno, *Del sentimiento trágico de la vida*, 1913.
- **Aburrimiento**. "Desgraciadamente, la paz es la soledad, y la soledad es el aburrimiento." Julio Camba, *El Mundo*, 24/6/1908.
  - "El aburrimiento y el distanciamiento, los dos grandes enemigos de la vida en pareja." José María Carrascal, *Todavía puedo*, 2018.
  - "Casi todos los hombres nos aburrimos inconscientemente. El aburrimiento es el fondo de la vida, y el aburrimiento es el que ha inventado los juegos, las distracciones, las novelas y el amor." Miguel de Unamuno, *Niebla*, 1914.
- **Accidentes**. "¿Quién puede prevenir los accidentes y menos evitarlos cuando vienen derechos?" Ramón J. Sender, *En la vida de Ignacio Morel*, 1969.
- **Acertar**. "No hay más que un modo de dar una vez en el clavo, y es dar ciento en la herradura." Miguel de Unamuno, *Vida de Don Quijote y Sancho*, 1905.
- **Actitud** "Nos lo pueden quitar todo salvo la capacidad de decidir nuestra actitud ante lo que nos ocurre." Álex Rovira, El Faro de Vigo, 31/10/2017.
- **Adaptarse**. "Vivir es adaptarse: adaptarse es dejar que el contorno material penetre en nosotros, nos desaloje

de nosotros mismos. Adaptación es sumisión y renuncia." José Ortega y Gasset, *Meditaciones del Quijote*, 1914.

- **Admiración**. "Esa adulación por todo lo consagrado, esa admiración por todo lo que tiene polvo de vejez, son siempre una muestra de servidumbre intelectual, desgraciadamente muy extendida en esta tierra." Ramón del Valle-Inclán, *Corte de Amor*, en Obra completa, I, 2002.
  - "La admiración por las obras ajenas ha sido siempre uno de mis goces predilectos." José Echegaray, *Autobiografía de Don José Echegaray*, 1916.
- **Adultos**. "Ingresar en la sociedad de los adultos cuesta un precio: sangre, jirones de uno mismo." Concha Alós, *Las hogueras*, 1964.
- **Afecto**. "Mejor que crear afectos es crear intereses." Jacinto Benavente, *Los intereses creados*, 1907.
- **Ahora**. "Todo lo que hay que hacer es sentarse y escuchar la música del aquí y ahora." Salvador Pániker, *Cua derno amarillo*, 2001. [Se refiere a la tranquilidad espiritual.]
  - "Pórtate bien *ahora*, sin acordarte de *ayer*, que ya pasó, y sin preocuparte de *mañana*, que no sabes si llegará para ti." José María Escrivá de Balaguer, *Camino*, 1965.
  - "Hoy es siempre todavía, toda la vida es ahora." Antonio Machado, *Proverbios y cantares*, 2014.
- **Alegría**. "Tenemos que conservar la alegría de los adentros y de estar vivos." José Jiménez Lozano, *Los cuadernos de la letra pequeña*, 2003.
  - "La alegría tiene una pureza que va más allá del placer, hay alegría sin objeto." Álex Rovira, El Faro de Vigo, 31/10/2017.

- "La alegría me había hecho fuerte, porque me había enseñado que no existe trabajo, ni esfuerzo, ni culpa, ni problemas, ni pleitos, ni siquiera errores que no merezca la pena afrontar cuando la meta, al fin, es la alegría." Almudena Grandes, *El corazón helado,* 2007.
- "... la alegría es el gran sentimiento, la más estimulante emoción." José Antonio Marina, *Memorias de un investigador privado*, 2003.
- "La alegría es un sentimiento positivo del ánimo que nadie duda lleva siempre a hacer cosas." Francisco Mora, Entrevista, El emotional magazine, oct., 2013.
- "La alegría es siempre ruidosa, y el pueblo, que estaba alegre, utilizaba todos los medios de que disponía para hacer ruido." Julio Camba, *El Mundo*, 25/6/1908.
- "Crear las circunstancias para la alegría consiste en detenerse y contemplar el mar, oler el pan, escuchar música que nos emociona, leer ese poema que nos conmueve y también acompañarse de la presencia del ser amado cuando está triste." Álex Rovira, El Faro de Vigo, 31/10/2017.
- "Cuando no hay alegría el alma se retira a un rincón de nuestro cuerpo y hace de él su cubil." José Ortega y Gasset, *El espectador I*, 1916.

• **Alma**. "El hombre necesita recobrar el equilibrio de su alma." Vicente Ferrer, *El poder de la acción*, 2012. "Permanece atento y oirás los himnos secretos de tu alma..." Cristóbal Zaragoza, *Y Dios en la última playa*, 1981.

- "El humor es la alegría del alma." Luis María Anson, El Cultural, 18-24/10/2007.

- "Es mejor y más sano para el alma, se dijo hace ya mucho tiempo, gastarse que enmohecerse." Camilo José Cela, *Cuatro figuras del 98 y otros retratos y ensayos españoles*, 1961.

- **Ambición**. "Lo peor de la ambición es que no sabe bien lo que quiere." Ramón Gómez de la Serna, *Greguerías*, 1979.
  - "El hombre no es solamente verdad, belleza y bien, como nos gustaría ser, sino que somos también codicia, ambición y vanidad: codicia en el tener, ambición en el poder y vanidad en el aparecer." Pablo d'Ors, ABC Cultura, 03/09/2014.
- **Amistad**. "La amistad debe ser infinitamente más tolerante que el amor." J.J. Beníntez, *La otra orilla*, 1992.
  - "La amistad requiere como requisito fundamental un grado de conocimiento mayor que el puramente social." José María Carrascal, *Todavía puedo*, 2018.
  - "Nos hubiera parecido frívolo dedicar una parte de nuestras mejores energías... a organizar en torno nuestro la amistad, a construir un amor perfecto, a ver en el goce de las cosas una dimensión de la vida que merece ser cultivada..." José Ortega y Gasset, *Meditaciones del Quijote*, 1914.
  - "En el hogar no existe la amistad." Delfín C. Marshall, *Un antro de perdidos*, 1990.
  - "La amistad es más fuerte que las ideas." Juan Luis Cebrián, *La rusa*, 1986.
  - "Se exige demasiado a la amistad: incluso que lea los libros y no los desacredite." Manuel Azaña, *El jardín de los frailes*, 1927.

- "La amistad es una nostalgia de caminatas y conversaciones sin rumbo, de cafés compartidos en mañanas laborales de holganza." Antonio Muñoz Molina, *La vida por delante*, 2002.

- **Ancianos**. "La actitud hacia los ancianos no es solo injusta, sino imbécil. Son gente que ha vivido épocas menos zafias que la presente, menos reblandecidas, más nítidas." Javier Marías, *Harán de mí un criminal*, 2003.
- **Animales**. "Cuando muere un animal el mundo se hace más triste y oscuro, mientras que cuando desaparece un ser humano, lo que desaparece es un hijo de puta en potencia o en vigencia." Arturo Pérez Reverte, *No me cogerás vivo, 2001-2005)*, 2005.
- **Años**. "Los años nos van quitando el pelo, los dientes y también las ideas. " Fernando Savater, *El jardín de las dudas*, 1993.
  - "Procede acomodarse a los años que uno tiene, asumir esa endeble arboladura humana en que uno se ha convertido." Salvador Pániker, *Cuaderno amarillo*, 2001.
- **Apariencias**. "Para mí, las cosas y las personas, y hasta las palabras no son, no significan nada por lo que aparentan, sino por lo que son en el fondo, por lo que quieren significar, por su profundidad." Marta Portal, *A tientas y a ciegas*, 1966.
  - "Negar que las cosas sean lo que aparecen es envolverlas en puntos suspensivos." Ramiro de Maeztu, *Autobiografía*, (Editora Nacional) 1962.
  - "El antiguo adagio *no basta ser bueno, hay que parecerlo* se puede reformular hoy *no hace falta ser bueno, basta*

parecerlo." Luis Racionero, *Guía práctica para insatisfechos*, 1997.

- **Aprender**. "Quien no esté dispuesto a aprender continuamente acabará en la cuneta de la economía." José Antonio Marina, *Memorias de un investigador privado*, 2003.
  - "Aprender es una forma de coleccionar, como en las citas y extractos de las lecturas diarias que acumulaban en cuadernos de notas…" Enrique Vila-Matas, *Historia abreviada de la literatura portátil*, 1985.
  - "Sin prestar atención no se puede aprender nada, pero tampoco se puede disfrutar de un buen libro o de una película, ni gozar con un cuadro o con una melodía…" Fernando Savater, *Mira por donde, autobiografía razonada*, 2003.
  - "Pero el que vive, aprende." Ramiro de Maeztu, *Autobiografía*, (Editora Nacional) 1962.
- **Aprobación**. "Es vulgarísima verdad que, en grado variable, el afán de aprobación y aplauso mueve a todos los hombres..." Santiago Ramón y Cajal, *Los tónicos de la voluntad*, 1912.
- **Arbitrariedad**. "... la máxima característica de los que detentan y aman el poder: la arbitrariedad." Esther Tusquets, *Confesiones de una editora poco mentirosa*, 2005.
  - "El español vive a merced del acaso, pendiente de la arbitrariedad de una minoría corrompida y corruptora." Joaquín Costa, *Oligarquía y caciquismo*, 1902. [¿Ha cambiado esto desde 1902?]
- **Armonía**. "La belleza es la armonía viviente." Rafael Alberti, *Prosas encontradas*, 2000.

- **Arte**. "El arte tiene muy poco valor en la vida. Es un adorno sin ninguna trascendencia." Pío Baroja, *Desde la última vuelta del camino, II*, 2006.
  - "Y no hay nada más engañoso en este mundo que el arte, hasta el punto de que cada artista recrea una realidad distinta del mismo objeto." José María Carrascal, "Es la geografía", ABC.es, 03/10/2017.
  - "El cometido del arte es poner color, alegría, optimismo en una realidad que suele ser gris y, a menudo, dolorosa." José María Carrascal, *El mundo visto a los 80 años*, 2014.
  - "Quizá, en definitiva, todo arte no es sino un punto de vista para ver el mundo –un instante solo…" Pere Gimferrer, *Segundo dietario (1980-1982)*, 1982.
  - "La vida y el arte son una eterna renovación..." Ramón del Valle-Inclán, *Corte de Amor*, en Obra completa, I, 2002.
  - "El arte y el amor lo son todo en nuestra vida." Juan Ramón Jiménez, *Y para recordar por qué he venido*, 1990.
  - "Definición del arte: hacer de la mentira verdad." Max Aub, *Diario (1939-1972)*, 1998.
- **Ascetas**. "Ser asceta no significa ser místico." José María Gironella, *La duda inquietante*, 1988.
  - "Es un asceta que vive de las limosnas que cobra por su trabajo." Chumy Chúmez, *De su propia cosecha*, 2007. [Pseudónimo de José María González.]
  - "El asceta busca la felicidad disminuyendo tanto los medios como las necesidades." Luis Racionero, *Guía práctica para insatisfechos*, 1997.
- **Asombro**. "Pero el hombre es como es, y lleva en su cerebro gérmenes de asombros para llenar con ellos la

creación entera." José Echegaray, *Autobiografía de Don José Echegaray*, 1916.

- **Ataques**. "Nada diría yo nunca de un hombre de ideas diferentes u opuestas a las mías si él fuese fiel a su ideal y su ideal fuese un ideal respetable." Juan Ramón Jiménez, *Y para recordar por qué he venido*, 1990.
- **Atención**. "Sin prestar atención no se puede aprender nada, pero tampoco se puede disfrutar de un buen libro o de una película, ni gozar con un cuadro o con una melodía..." Fernando Savater, *Mira por donde, autobiografía razonada*, 2003.
  - "Cuando estamos atentos, sabemos que vivimos; cuando estamos despistados o sin atención, no sabemos dónde estamos, ni lo que hacemos, ni lo que hemos hecho." Pablo d'Ors, ABC Cultura, 03/09/2014.
- **Ausencia**. "Cuanto más larga es la ausencia más duradera es la extrañeza de volver." Antonio Muñoz Molina, *La vida por delante*, 2002.
- **Austeridad**. "No hace falta vivir de forma austera, sino renunciar a cosas prescindibles." Vicente Ferrer, *El poder de la acción*, 2012.
- **Autenticidad**. "Quien escribe se entrega a quien sabe leerle. Éste es el secreto que da todo su valor a la *autenticidad*." Salvador de Madariaga, *Cosas y gentes, II,* 1979.
- **Autonomía**. "En la búsqueda de la autonomía hay una irremediable desconfianza hacia el mundo y hacia los otros." José Antonio Marina, *El misterio de la voluntad perdida*, 1997.
- **Ayer**. "Del ayer vengo, al mañana voy, pero el hoy es ese momento inverosímil, por lo real e inapresable, en

que yo escribo, canto o muero." Juan Gil-Albert, *Los días están contados*, 1974.

- "… ni el pasado ha muerto / ni está el mañana –ni el ayer- escrito." Antonio Machado, "El dios ibero", Obras completas, Losada, 1964.
- "Como el hoy es siempre duro, nos consolamos idealizando el ayer, para, así, en su día, encontrar también en el hoy consuelo para el mañana." Gregorio Marañón, *Historia y vida,* 1940.

• **Ayudar**. "Ayudar a los demás no es un derecho, es un privilegio." Vicente Ferrer, *El poder de la acción*, 2012.

B

• **Babia**. "Todos nosotros vivimos la mitad de nuestra vida en sueños o ensueños o en Babia. Somos insomnes despiertos. Todos estamos ausentes de nosotros mismos." Chumy Chúmez, *Hacerse un hombre*, 1996. [José María González.]

• **Barato**. "La mejor manera de tirar el dinero es comprar barato. Lo barato es caro." Juan Benet, *En la penumbra*, 1989.

• **Belleza**. "En realidad, tenemos necesidad de toda la belleza del mundo para poder soportar la brutalidad de la historia humana y hasta los arañazos y desgarros de una vida en sociedad cada vez más hosca…" José Jiménez Lozano, *Los cuadernos de la letra pequeña*, 2003.

- "La belleza es la armonía viviente." Rafael Alberti, *Prosas encontradas*, 2000.

- "La belleza y la racionalidad pueden contagiarse, igual que se contagian la fealdad y el trastorno." Antonio Muñoz Molina, "La subversión por la belleza", El País, 20 oct., 2017.
- "... la naturaleza nos enseña que la belleza no es muchas veces sino el medio del que las criaturas se sirven para perpetuar el inacabable festín de la vida." Gustavo Martín Garzo, "La rosa y la muerte", El Mundo, 1/11/2007.
- "La belleza es la moral suprema." José Martínez Ruiz, Azorín, *La voluntad,* 1902.
- "El uso estropea y hasta destruye toda belleza. La función más noble de los objetos es la de ser contemplados." Miguel de Unamuno, *Niebla*, 1914.

• **Beneficios**. "Entonces resulta que mientras el beneficio era privado, los errores eran colectivos y las pérdidas hay que socializarlas, acudiendo con medidas de emergencia, con fondos de salvación..." Arturo Pérez-Reverte, *Con ánimo de ofender, (1998-2001)*, 2001. [Se refiere a las grandes estafas de los especuladores, con el beneplácito del gobierno, y que deben pagar todos los contribuyentes.]

• **Besos**. "En el beso, la amenaza terrestre se infiltra con sus hondos aromas, entre la lengua y los labios, entre el gozo y la dicha." Fernando Arrabal, *La dudosa luz del día*, 1994.
- "El beso es un paréntesis sin nada dentro." Ramón Gómez de la Serna, *Greguerías*, 1979.
- "El beso es hambre de inmortalidad." Ramón Gómez de la Serna, *Greguerías*, 1979.

- **Blanco**. "No hay blanco ni negro. Hay gris. Y en la infinita gama de grises participan blancos y negros, venenos y antídotos imprevisibles." César González Ruano, "Sierpes inocentes y criaturas venenosas", ABC, 6/6/1958, *Obra periodística*, (1943-1965), II, 2003.
- **Bolsos**. "El bolso es ese lugar donde metes tu mundo." Isabel Sartorius, ABC, 22/9/2007.
- **Brevedad**. "Sed breves. Lo malo si breve dos veces menos malo." Chumy Chúmez, *Lo mejor de Hermano Lobo*, (Temas de Hoy), 1999. [Pseudónimo de José María González.]
  - "Lo correcto era ser breve, contar historias rápidas con un final fulminante, tan cerrado como definitivo y que no prolongara la fingida expectación de mi compañero de mesa e interlocutor, es decir, ser educadamente sintético y diáfano con quien iba a escucharme." Enrique Vila-Matas, *El traje de los domingos,* 1995.
- **Buenos**. "No, no creas que son tan buenos. Les mueve a trabajar el egoísmo. Lo hacen por dinero." Chumy Chúmez, *De su propia cosecha*, 2007.
  - "El antiguo adagio *no basta ser bueno, hay que parecerlo* se puede reformular hoy *no hace falta ser bueno, basta parecerlo.*" Luis Racionero, *Guía práctica para insatisfechos*, 1997.
  - "Sin admirar a los buenos no hay forma de emularlos, y sin emular a los buenos estamos condenados a ser de los malos" Javier Cercas, "La admiración por la admiración", El País, 31 dic., 2017.

C

- **Callar**. "Mejor callar que hablar; mejor soñar que callar; mejor leer que soñar o pensar solo." Juan Ramón Jiménez, *Y para recordar por qué he venido*, 1990.
  - "Callarse es un acto de prudencia, una medida terapéutica, una silenciosa afirmación." Antonio Muñoz Molina, *La vida por delante*, 2002.
  - "España ganaría mucho si gran parte de la gente que habla se callara." Pedro Sáinz Rodríguez, *Semblanzas*, 1988.
- **Cambio**. "He llegado a la conclusión de que el motor del cambio es la imaginación, y esta juega un papel importante en la cultura." Felipe Fernandez-Armesto, Entrevista, El País, 19 junio, 2016.
- **Caminante**. "Caminante, son tus huellas / el camino, y nada más; / caminante, no hay camino: / se hace camino al andar." Antonio Machado, "Caminante, son tus huellas", Obras completas, Losada, 1964.
  - "Augusto no era un caminante, sino un paseante de la vida." Miguel de Unamuno, *Niebla*, 1914. [Se refiere a Augusto Pérez, protagonista de la novela.]
- **Caminos**. "Más vale volver atrás que perderse en el camino." Marta Portal, *A tientas y a ciegas*, 1966.
  - "El viajero piensa en la despedida de los hombres que van de camino, que es un poco la despedida a las gentes que no volverá a ver jamás." Camilo José Cela, *Viaje a la Alcarria*, 1948.
- "Cuando se termine tu camino, empieza otro." Vicente Ferrer, *El poder de la acción*, 2012.

- "Caminante, son tus huellas / el camino, y nada más; / caminante, no hay camino: / se hace camino al andar." Antonio Machado, "Caminante, son tus huellas", Obras completas, Losada, 1964.

- **Cansar**. "Nada cansa tanto como la pena." Javier Marías, *Corazón tan blanco*, 1992.
- **Capacidad**. "El hombre rinde al máximum de su capacidad cuando adquiere la plena conciencia de sus circunstancias." José Ortega y Gasset, *Meditaciones del Quijote*, 1914.
- **Carácter**. "En muchas ocasiones el carácter determina el destino." Pedro G. Cuartango, "Carácter y destino", El Mundo, 3/1/2008.
- **Caricias**. "Las caricias son un lenguaje rico y sofisticado. Un extraordinario código de comunicación tan elocuente o más que las palabras." Álex Rovira, "El lenguaje de las caricias", El País, 13 abril, 2007.
- **Cariño**. "Lo que hace el cariño es el roce." Víctor Chamorro, *El muerto resucitado*, 1984.
  - "El cariño es lo primero en la vida de una mujer." Álvaro Pombo, *El héroe de las Mansardas de Mansard*, 1983.
- **Casa**. "... en ningún sitio estoy en mi casa. O estoy en mi casa en cualquier sitio, lo que viene a ser lo mismo." Jorge Semprún, *Federico Sánchez se despide de ustedes*, 1993.
  - "Pero el vivir en esos hoteles tiene a la vez algo de extrema provisionalidad y de una cierta libertad. No hay atadura alguna. Esa es la diferencia con la casa." Miguel Sánchez-Ostiz, *Las estancias del Nautilus*, 1997.

- **Castidad**. "A pesar de todo lo que se diga, España es uno de los países más castos del mundo, y si las mujeres nos entusiasman tanto en la calle es porque no tenemos ocasión de que nos entusiasmen en casa." Julio Camba, *El Mundo*, 11/6/1909. [Se empleaba esto como apología de la infidelidad.]
  - "La castidad es un crimen contra la naturaleza." Terenci Moix, *No digas que fue un sueño*, 1986.
  - "Soy tan casta que me casé con un obeso billete de lotería... porque estaba segura de que no me tocaría el gordo." Fernando Arrabal, *Diccionario pánico*, 2007.
- **Casualidad**. "La casualidad no sonríe al que la desea, sino al que se la merece." Santiago Ramón y Cajal, *Los tónicos de la voluntad*, 1912.
  - "El hombre, cuando quiere negar las leyes que desconoce las llama casualidad." Rafael López de Haro, *Nela*, 1922.
  - "Como todos los escritores, soy producto de la casualidad." Camilo José Cela, *Cuatro figuras del 98 y otros retratos y ensayos españoles*, 1961.
  - "La vida de las amebas, de los insectos y de los seres humanos es el producto de la casualidad natural que no tiene sentido, ni propósito." José M. Rodríguez Delgado, *La felicidad*, 1988.
  - "Las casualidades son las cicatrices del destino." Carlos Ruiz Zafón, *La sombra del viento*, 2001.
- **Católicos**. "Creen ser católicos y estafan, roban, fornican como mandriles, pegan a sus hijos, destrozan a sus socios, hacen fraudes inmensos…" Félix de Azúa en Juan Ramón Iborra, *Confesionario*, 2001.

- "El católico no es nunca arrastrado por ciegas fatalidades, al modo del hombre antiguo. Tampoco oprimido por el peso de su destino. La Iglesia le ayuda." José Luis L. Aranguren, *Talante, juventud y moral*, 1975.

- **Causas**. "No hay causa, por noble que sea, que justifique el crimen." Cristóbal Zaragoza, *Y Dios en la última playa*, 1981.
- **Celibato**. "Eso del celibato se lo han sacado de la manga para tenernos agarrados y para hacernos la puñeta." José María Gironella, *La duda inquietante*, 1988.
- **Censurar**. "Todo el que nos censura nos parece sectario o malevolente, pero el más trivial de los halagos hace que concibamos una especie de impaciente simpatía incluso por quienes conocemos sin controversia como acendrados cretinos." Fernando Savater, *Mira por donde, autobiografía razonada*, 2003.
- **Centro del universo**. "Yo soy el centro de mi universo, el centro del universo." Miguel de Unamuno, *Del sentimiento trágico de la vida*, 1913.
- **Cerebro**. "Cuando entendamos el cerebro, la humanidad se entenderá a sí misma." Rafael Yuste, Entrevista, Excelsior, 15/11/2017.
  - "Cada ser humano es único gracias al cerebro que posee." Francisco Mora, *El bosque de los pensamientos*, 2009.
  - "Acabado nuestro cerebro, se acabó el mundo." Pío Baroja, *El árbol de la ciencia*, 1911.
  - "... todo hombre puede ser, si se lo propone, arquitecto de su propio cerebro, y que aun en el peor dotado es susceptible, al modo de las tierras pobres, pero

bien cultivadas y abonadas, de rendir copiosa mies." Santiago Ramón y Cajal, *Los tónicos de la voluntad*, 1912.

- "El placer y la felicidad están en el cerebro." José M. Rodríguez Delgado, *La felicidad*, 1988.
- "Los cerebros son máquinas orgánicas biológicas, por lo que compararlos con las computadoras es simplemente una metáfora." Rafael Yuste, Entrevista, Excelsior, 15/11/2017.

• **Charlar**. "Es imprescindible para todo ser humano encontrarse y charlar, siquiera un poco y como sea, con el señor Descartes y el señor Spinoza." José Jiménez Lozano, *Los cuadernos de la letra pequeña*, 2003.

- "Los hombres del norte actúan; nosotros, charlamos." Santiago Ramón y Cajal, *Charlas de café,* 1921.

• **Ciencia**. "La ciencia nos muestra lo pequeños que somos frente al universo y lo poderosa que es la mente humana." José María Carrascal, *El mundo visto a los 80 años*, 2014.

- "La ciencia es más revolucionaria que todas las leyes y decretos inventados e inventables." José Martínez Ruiz, Azorín, *La voluntad*, 1903.
- "Hay que reírse cuando dicen que la ciencia fracasa. Tontería: Lo que fracasa es la mentira; la ciencia marcha adelante." Pío Baroja, *El árbol de la ciencia,* 1911.
- "En la Ciencia, como en la lotería, la suerte favorece al que juega más, es decir, al que (...) remueve continuamente la tierra del jardín." Santiago Ramón y Cajal, *Los tónicos de la voluntad*, 1912.
- "El país que quede rezagado en el cultivo de la ciencia no tendrá más remedio que vivir de prestado, esto

es, malvivir, tanto económica como espiritualmente." José Ferrater Mora, *Mariposas y supercuerdas*, 1994.

- **Cine**. "… cine español, es bazofia costumbrista en pantuflas y batín." Fernando Sánchez Dragó, *Libertad, fraternidad, desigualdad*, 2007.
  - "El cine es una de las artes grandes. Y si la literatura es la expresión de la belleza por medio de la palabra, el cine es la expresión de la belleza por medio de la imagen." Luis María Anson, El Cultural, 18-24/10/2007.
  - "Es atributivo del cine lograr convertir lo privado en público, lo selecto en mayoritario, lo silencioso en vociferante." Juan Gil-Albert, *Los días están contados*, 1974.
  - "El cine es siempre evasión, pero es un término éste muy peligroso que puede interpretarse… en el terreno de la superficialidad." Carlos Saura en Blanca Berasátegui, *Gente de palabra*, 1987.
- **Circunstancias**. "Aún en idénticas circunstancias, las personas no se comportan de la misma manera." Carmen Kurtz, *El desconocido*, 1956.
  - "Yo soy yo y mi circunstancia, y si no la salvo a ella no me salvo yo." José Ortega y Gasset, *Meditaciones del Quijote*, 1914.
  - "El hombre no elige ni su circunstancia, ni tampoco su vocación, que lo llama." Julián Marías, *Una vida presente*, 2008.
  - "La mayoría son personas corrientes, incluso vulgares, a quienes las circunstancias confieren un protagonismo efímero." José María de Areilza, *Paisajes y semblanzas*, 1988.

- "¡La circunstancia! ¡Circum-stantia! ¡Las cosas mudas que están en nuestro próximo derredor! Muy cerca, muy cerca de nosotros levantan sus tácitas fisonomías con un gesto de humildad y de anhelo, como menesterosas de que aceptemos su ofrenda y a la par avergonzadas por la simplicidad aparente de su donativo. Y marchamos entre ellas ciegos para ellas…" José Ortega y Gasset, *Meditaciones del Quijote*, 1914.

- **Claridad**. "Por eso importa que no se pierda, por minúscula que sea, la actitud que consiste en indagar, con seguridad y alguna esperanza, a pesar de la constitutiva fragilidad de la evidencia, esa claridad sin la cual a última hora, hasta lo más brillante, puede oscurecerse." Julián Marías, *La fuerza de la razón*, 2005.
  - "La claridad es siempre buena, pero no hay que equipararla necesariamente a la trivialidad." José Ferrater Mora, *Mariposas y supercuerdas*, 1994.
- **Clima**. "Lo cierto es que el lujo es el clima que mejor me sienta." Fernando Savater, *El jardín de las dudas*, 1993.
  - "Un clima sabemos que modela a los hombres: el sol los aguijonea o los moviliza, es cuestión de proporción o de resistencia." Juan Gil-Albert, *Los días están contados*, 1974.
- **Codicia**. "Solo la codicia es lo que nos mueve poder mangonear en los presupuestos generales del estado..." Manuel Martínez Mediero, *Lola la divina*, 1988.
  - "El hombre no es solamente verdad, belleza y bien, como nos gustaría ser, sino que somos también codicia, ambición y vanidad: codicia en el tener, ambición en el poder y vanidad en el aparecer." Pablo d'Ors, ABC Cultura, 03/09/2014.

- **Cólera**. "La cólera es una piedra lanzada contra un nido de avispas." J.J. Benínt ez, *La otra orilla*, 1992.
- **Comerse el mundo**. "Iban a comerse el mundo y ahora se limitan a comentarlo." Enrique Vila-Matas, *Dublinesca*, 2010.
- **Comienzos**. "Vivimos de principios, somos menesterosos de principios, de orígenes, de amaneceres, de deslumbrantes comienzos." Francisco Umbral, *Diario político y sentimental*, 1999.
- **Comodidad**. "La simplicidad, bien llevada, implica comodidad, tranquilidad y facilidad de comprensión." Álex Rovira, "El lujo de lo esencial", El País, 19 marzo, 2006.
- **Comparaciones**. "... el primer hombre que comparó a una rosa la boca de una mujer fue un poeta, y el segundo, un tonto." Eduardo Marquina, *Días de infancia y adolescencia*, 1964.
- **Compartir la vida**. "Necesitamos a alguien al lado para compartir los avatares de la vida, las horas buenas y las malas, las alegrías y las tristezas, los éxitos y los fracasos..." José María Carrascal, *El mundo a los 80 años*, 2014.
- **Competición**. "Os aconsejo que nunca entréis en competición con otros, sino con vosotros mismos." José Antonio Marina, *Memorias de un investigador privado*, 2003.
  - "La competición es con usted mismo. Hacer cada día mejor lo que hace." José María Carrascal, *El mundo visto a los 80 años*, 2014.
- **Comportamiento**. "El comportamiento humano es muy semejante en todas las épocas y en todas las latitudes." Fernando Savater, *El jardín de las dudas*, 1993.

- **Comprar barato**. "La mejor manera de tirar el dinero es comprar barato. Lo barato es caro." Juan Benet, *En la penumbra*, 1989.
- **Compromisos**. "Hay que sacar de la vida todo el provecho agradable posible, divertirse todo lo que una pueda, pero locuras, compromisos, desatinos, barbaridades, ¡no!" Pedro Mata, *El momento difícil*, 1923.
  - "... lo lógico sería no hacer nada, pero, desgraciadamente, la existencia tiene exigencias permanentes, compromisos establecidos, que no inclinan precisamente al lujo del ocio." César González Ruano, "Gimnasia y capricho intelectual", Pueblo, 15/9/1956, *Obra periodística*, (1943-1965), II, 2003.
- **Comunicarse**. "Hay gente que solo se comunica peleando." Adolfo Marsillach, *Se vende ático*, 1995.
- **Condición humana**. "Hemos llegado a la triste conclusión de que la condición humana es lo que es y de que, por mucho que lo intentemos, no da más de sí. Pura y simplemente, hemos llegado al límite." Antonio Garrigues Walker, ABC, 13.10.2007.
- **Confesar errores**. "Todos nuestros errores son perdonables pero a condición de que los confesemos." Gregorio Marañón, *Obras completas*, III, 1972.
- **Confiar**. "En nuestra vida privada y en nuestra vida pública surge con frecuencia una pregunta trascendental: ¿De quién podemos fiarnos?" José Antonio Marina, *Memorias de un investigador privado*, 2003.
- **Conflictos**. "Los conflictos son inevitables, no nos hagamos ilusiones." José Antonio Marina, *Memorias de un investigador privado*, 2003.

- **Confusión**. "Nada es más arriesgado que la confusión, el no tomar en serio la estructura de la realidad, el creer que se la puede tomar cada uno a su antojo, sin respeto a lo que las cosas son." Julián Marías, *La fuerza de la razón*, 2005.
- **Conocimiento**. "El viaje hacia el amor también es conocimiento." Clara Janés, Entrevista, El País, 6 nov., 2015.
  - "Todo conocimiento tiene una finalidad." Miguel de Unamuno, *Del sentimiento trágico de la vida*, 1913.
- **Contar**. "Cada cual cuenta aquello que vio, o que se imaginó haber visto, o que deseó ver; si otro lo contara lo haría de distinta manera..." Antonio Gala, *El manuscrito carmesí*, 1990.
  - "Aquello que no se cuenta, no existe." Javier Marías, "Si yo les contara", Librújula, nº 16, 2017. [Se refiere a narrar.]
- **Contentar**. "No hay que intentar contentar a quien no se quiere contentar. "Julián Marías, citado por Luis Losada, Diario 16, 28/07/2017.
- **Convencer**. "Lo que importa no es vencer, sino convencer..." Fernando Sánchez Dragó, *Libertad, fraternidad, desigualdad*, 2007.
  - "No se es más patriota por imponer, se es más patriota por convencer." María Teresa Fernández de la Vega, El Mundo, 27/9/2007.
- **Conversar**. "... con las personas de tu hogar no puedes conversar puesto que la convivencia continua ha matado todo intercambio de ideas." Delfín C. Marshall, *Un antro de perdidos* 1990.

- **Convivir**. "Lo relevante es convivir en paz desde las diferencias." Salvador Pániker, *Segunda memoria*, 1988.
  - "Para convivir hay que tener un talento compartido semejante al que tienen las parejas de patinadores sobre hielo." José Antonio Marina, *Memorias de un investigador privado*, 2003.
  - "... porque vivir es convivir, y cuando ello falta es porque uno *se ha quedado solo*, hay una coexistencia de configuraciones vitales cuyo grado de semejanza presenta diferencias inmensas." Julián Marías, *La fuerza de la razón*, 2005.
- **Cordialidad**. "La cordialidad, la generosidad, la caridad, la filantropía, todo eso es muy flojo y muy poco vivo en el hombre. La mayoría de las veces está solo en las palabras." Pío Baroja, *Desde la última vuelta del camino, II*, 2006.
- **Corrupción**. "Con la corrupción no puede haber ningún tipo de tolerancia." José María Carrascal, *El mundo a los 80 años*, 2014.
  - "En un ambiente donde la corrupción es normal es más fácil ser corrupto." Antonio Muñoz Molina, *Todo lo que era sólido,* 2013.
  - "La corrupción va a existir siempre." Alfonso Ussía, Entrevista, El Español, 12 junio, 2016.
  - "Corrupción es obtener ventajas sobre los demás de forma ilícita," José María Carrascal, *El mundo visto a los 80 años*, 2014.
- **Costumbres**. "Cuando dicen que el tiempo trae olvido, no hay tal. El tiempo no trae el olvido. Lo que trae es una sensación de conformidad y, sobre todo, la

costumbre de vivir con el muerto a cuestas." Miguel Delibes en Juan Ramón Iborra, *Confesionario*, 2001.

- "Es curioso lo poco lógicas que resultan las costumbres familiares cuando uno intenta razonarlas." Fernando Díaz Plaja, *El español y los siete pecados capitales*, 1966.

• **Creación**. "Pienso que la tensión moral del hombre no radica sino en esa sospecha de que, en cada uno de nosotros, en cada una de nuestras conductas, se agota toda la experiencia y todo el destino de la creación." Dionisio Ridruejo, *Diario de una tregua*, 1972.

- "La vida humana, aun la más humilde, es una secuencia de creación. Cada minuto de decisión de cada persona humana crea un átomo de Historia." Salvador de Madariaga, *De la angustia a la libertad*, 1955, 1967.

• **Crear**. "Crear es hacer que algo valioso que no existía, exista." José Antonio Marina, *Memorias de un investigador privado*, 2003.

- "Crear supone romper alguna forma de rutina." José Antonio Marina, *Memorias de un investigador privado*, 2003.

• **Creencias**. "El hombre, en el fondo, es crédulo o, lo que es igual, el estrato más profundo de nuestra vida, el que sostiene y porta todos los demás, está formado por creencias." José Ortega y Gasset, "Creer y pensar" 1931, en *Ideas y creencias*, 1940.

- "Cuando el ser humano comienza a ligarse a creencias, su libertad espiritual disminuye." Vicente Ferrer, *El poder de la acción*, 2012.

- "Sobre las creencias no se discute." Javier Cercas, *Soldados de Salamina*, 2001.

- **Crepúsculo**. "¿Es un espectáculo el crepúsculo? El crepúsculo es escenografía." Pere Gimferrer, *Segundo dietario (1980-1982)*, 1982.
- **Crímenes**. "No hay causa, por noble que sea, que justifique el crimen." Cristóbal Zaragoza, *Y Dios en la última playa*, 1981.
  - "Incluso en las situaciones revolucionarias más exaltadas, el crimen sigue siendo un crimen." Antonio Buero Vallejo en Juan Ramón Iborra, *Confesionario*, 2001.
- **Cristianismo**. "El cristianismo es una religión intrínsecamente personal: vida trinitaria dentro de la realidad divina." Julián Marías, *La fuerza de la razón*, 2005.
- **Crítica**. "La crítica ha de ser, ante todo, labor de clarificación." Julio Casares, *Crítica efímera*, 1919.
  - "La susceptibilidad española para la crítica, es grande, es disparatada." Antonio Mingote, en José Luis Péc ker, "Gente importante" TVE 1973.
  - "La crítica rebaja nuestro orgullo." Espido Freire, IMF Business School, 15/03/2016.
  - "La crítica suele ser o muy positiva o muy negativa, pero nunca es constructiva." Alberto Vázquez-Figueroa en Juan Ramón Iborra, *Confesionario*, 2001.
  - "Donde no hay crítica no tiene sentido el elogio." Luis Racionero, *Guía práctica para insatisfechos*, 1997.
- **Críticos**. "El crítico pasa de mero comentarista de una obra a juez supremo y parte de la misma." José María Carrascal, *El mundo visto a los 80 años*, 2014.
  - "Nadie es un buen crítico de sí mismo." Manuel Fraga Iribarne, *Memoria breve de una vida pública*, 1980.

- "Cada crítico, por objetivo y sincero que pretenda ser, articula siempre su pensamiento dentro de una situación histórica determinada." Leopoldo Panero, *Obras completas, II*, 1973.

- **Crueldades**. "Las mayores crueldades, las matanzas más atroces se han perpetrado siempre por motivos religiosos y con la bendición de untuosos clérigos." Fernando Savater, *El jardín de las dudas*, 1993.
  - "Me saca de quicio la indiferencia moral ante la crueldad." Antonio Muñoz Molina en Juan Ramón Iborra, *Confesionario*, 2001.
  - "A los instintos anarquistas del niño deben añadirse estos otros: la crueldad y la inclinación al dominio." Santiago Ramón y Cajal, *Recuerdos de mi vida*, 2006. [Publicado en 1901.]
- **Cuidar lo físico**. "Las fuerzas del espíritu no bastan; cuando las fuerzas físicas flaquean, el espíritu va en angarillas; hay que cuidar lo físico como lo moral." Victoria Kent, *Cuatro años en París, 1940-1944*, 2007.
- **Culpas**. "Los grandes acontecimientos carecen de frente, son monstruosos, pero qué buenas espaldas tienen para cargar con todas las culpas." Corpus Barga, *Los pasos contados 2*, 1979.
  - "Entre un hombre y una mujer es peligroso siempre trazar límites muy claros de culpa o inocencia, y ni siquiera la muerte borra de nosotros la responsabilidad de nuestros actos." Antonio Muñoz Molina, *La vida por delante*, 2002.
- **Cultura**. "Hacer exámenes continuamente, es la muerte de la cultura". Emilio Lledó, en Pilar Álvarez, El País, 27/03/2018.

- "La experiencia, en fin, mi larga vida profesional viajada por todo el mundo, me ha enseñado a no despreciar ninguna forma de cultura." Luis María Anson, "El circo que llegó", El Cultural, 11-17/10/2007.
- "No hay cultura donde no hay normas a que nuestros prójimos puedan recurrir." José Ortega y Gasset, *La rebelión de las masas*, 1929.
- "La cultura lo remedia todo." Max Aub, *La calle Valverde*, 1968.
- "… la cultura brinda al hombre claridad, ordenación, precisión y seguridad vital…" Pedro Laín Entralgo, *Descargo de conciencia (1930-1960)*, 1976.
- "… no me refiero a lo que algunos soplapollas llaman aquí cultura: la gastronomía como cultura, el fútbol como cultura, el teléfono móvil como cultura." Arturo Pérez Reverte, *No me cogerás vivo, 2001-2005)*, 2005.
- "La cultura es ese poso que queda después de leer dos mil libros y de haberlos olvidado." Manuel Vicent, *Retratos*, 2005.

• **Curas**. "Al fin y al cabo, los curas son hombres como los demás." Mercedes Salisachs, *La gangrena*, 1975.
- "El cura predicará resignación y fomentará como consuelo único el culto fetichista a una cuantas imágenes…" María Martínez Sierra, *Una mujer por caminos de España*, 1989.
- "El niño se convierte en cura como el plomo se convierte en bala." Alejandro Sawa, *Iluminaciones en la sombra*, 1910.

• **Cursilería**. "Mucho de lo que vemos nos es tan conocido que se cae de viejo; más flamante hoy, por fuera, más empedernido por dentro; pero es lo mismo: rutina, tozudez, erotismo, *delirio de grandeza* y su consecuente lacayo: la cursilería." Juan Gil-Albert, *Los días están contados*, 1974.

D

- **Dar**. "El poderoso siempre te da la mitad de lo que te podría dar." Francisco Umbral, *Diario político y sentimental*, 1999.
  - "La felicidad también depende de nuestra actitud frente a los demás y, sobre todo, de nuestra capacidad de dar." Vicente Ferrer, *El poder de la acción*, 2012.
  - "No creo que en el estrecho campo de alegrías que pueda tener a su alcance la criatura humana, exista una alegría más ancha y solar que esa: dar, dar, dar."César González Ruano, "Josefina y los viejos", ABC, 7/11/1959, *Obra periodística*, (1943-1965), II, 2003.
- **Debilidad**. "Un signo de debilidad es el de dejarse dominar por las posiciones cercanas que no se comparten, que parecen en alguna medida falsas o deficientes, escasamente justificadas." Julián Marías, *La fuerza de la razón*, 2005.
- **Decepciones**. "El que siente decepción debería preguntarse primero si no tendría la culpa." Julián Marías, citado por Iván López, El Día.es, 30/07/2017.
  - "Conocer completamente algo acarrea su miaja de decepción." Fernando Arrabal, *La dudosa luz del día*, 1994.

- **Decir**. "El bien decir no es otra cosa que el bien pensar. Bien concebido, bien dicho." Salvador de Madariaga, *Cosas y gentes, II,* 1979.
  - "... el decir no es solo una de las cosas que hace el hombre sino, quizás, la única cosa que el hombre hace." Camilo José Cela, *Cuatro figuras del 98 y otros retratos y ensayos españoles*, 1961.
- **Decrepitud**. "... cuando algún miembro de la familia empieza a decir *no me importa... no me interesa... ¿para qué voy a ir a verlo?* Sabemos que ha iniciado el camino que no tiene regreso." Fernando Díaz Plaja, *El viaje de mi vida*, 1999.
- **Demagogia**. "La demagogia es una forma de degeneración intelectual que, como amplio fenómeno de la historia europea, aparece en Francia hacia 1750." José Ortega y Gasset, *La rebelión de las masas*, 1929.
- **Democracia**. "La democracia de la que tengo el honor de hablar mal, es la política, la que tiende al dominio de la masa." Pío Baroja, *Aurora roja*, 2011.
  - "Democracia es, ante todo, respeto a la libertad suicida de los demás. La libertad siempre es suicida, pero es lo único que tenemos." Francisco Umbral, *Diario político y sentimental*, 1999.
  - "Cuando leo eso de que el pueblo español está maduro para la democracia, me subo por las paredes." Manuel Vázquez Montalbán, *Los mares del sur*, 1979.
  - "Es un error creer que la democracia tiene la varita mágica que soluciona los problemas." Antoni Tàpies en Blanca Berasátegui, *Gente de palabra*, 1987.

- "Gobernar, e incluso vivir, en una democracia, no es fácil, porque uno tiene que aceptar muchas cosas que no le gustan." José María Carrascal, *El mundo visto a los 80 años*, 2014.

- **Dependencia**. "¡Qué gran bien no depender de nadie; no tener que adular, ni que pedir! ¡Qué gran bien, sí, la independencia y la libertad!" Sebastián Juan Arbó, *Memorias. Los hombres de la ciudad*, 1982.
- **Derechos**. "… el primero y más sagrado e inalienable derecho de una persona es ser respetada." José Jiménez Lozano, *Los cuadernos de la letra pequeña*, 2003.
  - "Esto es vida como disciplina –la vida noble. La nobleza se define por la exigencia, por las obligaciones, no por los derechos." José Ortega y Gasset, *La rebelión de las masas*, 1929.
- **Derrotismo**. "Lo último que se puede hacer en la vida es darse por vencido." Manuel Ferrán, *Con la noche a cuestas*, 1968.
- **Descontento**. "A menudo nos domina el descontento y siempre queremos más: más dinero, más salud, más éxito, más juventud, más belleza, y por supuesto interminable vida." Javier Marías, *Harán de mí un criminal*, 2003.
  - "Los descontentos justificados son respetables; el abuso de ellos, su exageración, su extravasación de los límites reales es un error de graves consecuencias, que en su momento se pagan." Julián Marías, *La fuerza de la razón*, 2005.
- **Desdicha** "Tampoco descargues sobre los hombros ajenos la responsabilidad de tu desdicha." Fernando Sánchez Dragó, *Libertad, fraternidad, desigualdad*, 2007.

- **Desesperación**. "Uno tiene la angustia, la desesperación de no saber qué hacer con la vida, de no tener un plan, de encontrarse perdido, sin brújula, sin luz donde dirigirse…" Pío Baroja, *El árbol de la ciencia,* 1911.
  - "Nada de desesperaciones. ¿Se adelanta algo con desesperarse?" Ramiro de Maeztu, *Autobiografía*, (Editora Nacional) 1962.
- **Desgracias**. "En la desgracia lo importante es el recuerdo. El recuerdo lo vence todo, la alegría, la desgracia. Depende de su intensidad." Max Aub, *Diario (1939-1972)*, 1998.
  - "… gran parte de nuestra desgracia no existe y no tiene más realidad que la que nosotros mismos le otorgamos." Antonio Roig, *Variaciones sobre un tema de Orestes*, 1978.
- **Desmemoria**. "Sabemos que el olvido y la desmemoria forman partre de la estrategia del vivir." Juan Marsé, Discurso Premio Cervantes, 2009.
- **Desorden**. "El desorden intoxica a sus víctimas hasta que son incapaces de darse cuenta del modo en que viven. Acaban pensando que las personas que les reprochan su desorden son unas maniáticas." José Antonio Marina, *Memorias de un investigador privado*, 2003.
- **Despedidas**. "El viajero piensa en la despedida de los hombres que van de camino, que es un poco la despedida a las gentes que no volverá a ver jamás." Camilo José Cela, *Viaje a la Alcarria*, 1948.
  - "… adiós significa *hasta la vista* pero *hasta la vista en Dios.* Es una despedida de dos moribundos, como lo somos todos los mortales…" Salvador de Madariaga, *Cosas y gentes, II,* 1979.

- **Despistados**. "Cuando estamos atentos, sabemos que vivimos; cuando estamos despistados o sin atención, no sabemos dónde estamos, ni lo que hacemos, ni lo que hemos hecho." Pablo d'Ors, ABC Cultura, 03/09/2014.
- **Desplantes**. "Con los desplantes que uno sufre va ganando experiencia." José María Carrascal, *Al filo de medianoche… y algo más*, 1992.
- **Despreciable**. "Nada hay completamente inútil ni despreciable. El secreto está en dar con la vena escondida de cada uno." Juan Antonio de Zunzunegui, *Dos hombres y dos mujeres en medio*, 1944.
- **Destino**. "El hombre, su destino, es como un libro por escribir, con la idea de que es un libro que se escribe a sí mismo." Francisco Mora, *El bosque de los pensamientos*, 2009.
  - "No busques tu destino; deja que tu destino te busque a ti." Antonio Gala, Entrevista, El País, 26 spt., 2008.
  - "Estamos condenados a ignorar lo que más nos importa conocer, nuestro origen y nuestro destino…" Manuel Bueno, *En el umbral de la vida*, (1916), 2000.
  - "Yo no creo en el destino. Al contrario, me parece que una de las grandes metas de la inteligencia humana es liberarnos de él." José Antonio Marina, *Memorias de un investigador privado*, 2003.
  - "Somos nuestro destino, somos proyecto irremediable de una cierta existencia." José Ortega y Gasset, "No ser hombre de partido." La Nación, 15 mayo, 1930, en *Ideas y creencias*, 1940.

- "… todo tiene su porqué (…) El destino es un tratado de lógica." Eduardo Zamacois, *La cita*, 1907.
- "Los mismos cueros tenemos todos los mortales al nacer y sin embargo, cuando vamos creciendo, el destino se complace en variarnos como si fuésemos de cera y en destinarnos por sendas diferentes al mismo fin: la muerte." Camilo José Cela, *La familia de Pascual Duarte*, 1942.
- "El destino es quien manda; por eso comprendo y respeto a quienes lo cumplen sin rebelarse." Antonio Gala, *El manuscrito carmesí*, 1990.

• **Diálogo**. "El lenguaje es por esencia diálogo, y todas las otras formas de hablar depotencian su eficacia." José Ortega y Gasset, *La rebelión de las masas*, 1929.

- "No hay más diálogo verdadero que el diálogo que entablas contigo mismo, y este diálogo solo puedes entablarlo cuando a solas." Miguel de Unamuno, *Soledad*, Obras Completas, III, 1958.
- "La clave de nuestro mundo emocional está en nuestro diálogo interno, en nuestra filosofía personal." Rafael Santandreu, La voz de Galicia, 04/04/2017.

• **Días**. "Pero… ¿quién no ha vivido un día perecto o, al menos, no ha creído que lo era?" Begoña Aranguren, *Memorias de Emanuela de Dampierre*, 2003.

- "Seguir la marcha de un día es tan apasionante como el relato periodístico de los hechos que nos traerá la prensa mañana." José María de Areilza, *Paisajes y semblanzas*, 1988.
- "En cada día amanece todo el tiempo." Ramón Gómez de la Serna, *Greguerías*, 1979.

- **Diferente**. "Como se dice en Norteamérica: ser diferente es indecente." José Ortega y Gasset, *La rebelión de las masas*, 1929.
- **Dificultades**. "La vida consiste en una serie de dificultades que es preciso resolver." José Ortega y Gasset, *El libro de las misiones*, 1940.
- **Dinero**. "Al dinero no le interesan los valores humanos." José Luis Sampedro, *Escribir es vivir*, 2014.
  - "El dinero no es sino la figura de la aceptación social, y por eso lo buscamos todos." Francisco Umbral, *Diario político y sentimental*, 1999.
  - "El dinero tiene la cualidad de borrar cualquier duda sobre su procedencia." Antonio Muñoz Molina, *Todo lo que era sólido*, 2013.
  - "El dinero no da la felicidad, pero ayuda a quitársela a los demás." Chumy Chúmez, *De su propia cosecha*, 2007.
- **Disciplina**. "La disciplina no parece ser la más destacada de las virtudes españolas." Antonio Vallejo-Nágera, *Yo, el rey*, 1985.
  - "Nos falta disciplina y acabamos yendo cada uno por nuestro lado." José María de Areilza, *Paisajes y semblanzas*, 1988.
  - "A mí me parece que la disciplina es una de las caracterizaciones más profundas del talento mismo, una de las formas más acabadas y perectas de la inteligencia." César González Ruano, "La disciplina literaria", Pueblo, 29/1/1955, *Obra periodística*, (1943-1965), II, 2003.
- **Disfrute**. "Lo inteligente consiste en conseguir el máximo de disfrute con el mínimo de esfuerzo…" Luis Racionero, *Guía práctica para insatisfechos*, 1997.

- **Distanciamiento**. "El aburrimiento y el distanciamiento, los dos grandes enemigos de la vida en pareja." José María Carrascal, *Todavía puedo*, 2018.
- **Divorcio**. "La vacuna contra el divorcio son las pequeñas separaciones en perfecta paz." Rosa Chacel en Juan Ramón Iborra, *Confesionario*, 2001.
  - "El divorcio es el último remedio del más existencial de los fracasos." Laura Campmany, "Divorcio exprés", ABC, 17/11/2007.
  - "Los españoles tienen del matrimonio un sentido pesimista, se casan con la idea de que es para siempre... ¡Y cualquiera coge de nuevo al que se descase!" Pío Baroja, entrevistado por Francisco Lucientes, El Sol, 11/11/1931.
- **Dominar**. "Apoderarse de otro sin dominarlo, dejándolo en consecuencia en libertad: eso es amarlo." Eugenio Trías, *Meditación sobre el poder*, 1977.
- **Dormir**. "¡Dormir, que es tan barato en el posbalance de una vida demasiado despierta!" César González Ruano, "El mes de la jauja difícil", Pueblo, 15/1/1955, *Obra periodística*, (1943-1965), II, 2003.
  - "Dormir es morir temporalmente; todo despertar es una resurrección." Alejandro Sawa, *Iluminaciones en la sombra*, 1910.
- **Dudar**. "El hombre de ciencia tiene que estar constantemente ensayando dudar de sus propias verdades." José Ortega y Gasset, "Creer y pensar" 1931, en *Ideas y creencias*, 1940.

– "No estoy seguro –no lo estoy ya de nada, pero creo que hoy cumplo sesenta y cuatro años." Antonio Gala, *El manuscrito carmesí*, 1990.
– "Hoy mi lema es: la puñetera verdad te enseñará a dudar de todo." Juan Marsé, *Rabos de lagartija*, 2000.

- **Duelo**. "También en el dolor y durante el duelo, el mimo y el abrazo del ser amado hacen soportable la pérdida porque apuntalan el alma herida." Álex Rovira, "El lenguaje de las caricias", El País, 13 abril, 2007.

E

- **Edad**. "Procede acomodarse a los años que uno tiene, asumir esa endeble arboladura humana en que uno se ha convertido." Salvador Pániker, *Cuaderno amarillo*, 2001.
  – "La edad es solo un concepto, Camilo." Francisco Umbral, "Enero frío, Dámaso", El Mundo, 28/1/1990.
  – "Los años nos van quitando el pelo, los dientes y también las ideas." Fernando Savater, *El jardín de las dudas*, 1993.
- **Egoísmo**. "Los hombres son egoístas, los problemas de los demás nos tiene sin cuidado…" Delfín C. Marshall, *Un antro de perdidos* 1990.
  – "Nadie hace nada en la vida si no llega a hacer uso discreto y natural de ese frío y trascendente egoísmo que es el origen y la fuente misma de lo sobrenatural." Ramón J. Sender, *En la vida de Ignacio Morel*, 1969.
  – "... la compasión de uno mismo no es más que una forma solapada de egoísmo." Antonio Roig, *Variaciones sobre un tema de Orestes*, 1978.

- **Elogiar**. "Yo, que he tenido fama de criticón, me enorgullezco sobre todo de saber elogiar y de saber que es preciso elogiar, para ser libre." Fernando Savater, *Mira por donde, autobiografía razonada*, 2003.
- **Emoción**. "La emoción es el fuego que enciende la razón y con ello elabora los más excelsos pensamientos. No hay razón sin emoción." Francisco Mora, *El bosque de los pensamientos*, 2009.
  - "El arte, todo el arte, tiene que tener sus dosis de emoción, de pasión. Y lo actual, por lo general, es frío, es cerebral; eso, abstracto." Julio Caro Baroja, en Blanca Berasátegui, *Gente de palabra*, 1987.
- **Empatía**. "Es necesario que desarrollemos una inteligencia práctica basada en la empatía y el buen criterio, la voluntad de excelencia y de mejora continua, y que veamos en el otro no solo a quien es hoy, sino a quien puede llegar a ser." Álex Rovira en alexrovira.com
- **Emular**. "Sin admirar a los buenos no hay forma de emularlos, y sin emular a los buenos estamos condenados a ser de los malos" Javier Cercas, "La admiración por la admiración", El País, 31 dic., 2017.
- **Enamorarse**. "Un hombre que se enamora es siempre un imbécil elevado al cubo." Enrique Jardiel Poncela, *Espérame en Siberia, vida mía*, 1927.
- **Enemigos**. "… el enemigo no existe más que dentro de nosotros." Cristóbal Zaragoza, *Y Dios en la última playa*, 1981.
  - "Siempre intenté comprender y amar al enemigo, dentro de un orden, porque sabía que luego, con suerte, habríamos de vivir juntos." Rafael

García Serrano, *Diccionario para un macuto*, 1979. [Se refiere a los republicanos de la guerra civil española.]

- "Tu mayor enemigo eres tú mismo." José María Escrivá de Balaguer, *Camino*, 1965.

• **Engañar**. "La mentira supone intención de engañar; el error es la apasionada voluntad de acertar." María Martínez Sierra, *Una mujer por caminos de España*, 1989.

- "Todos nos dejamos engañar a la vez, y no porque seamos tontos, sino porque las buenas personas son fáciles de engañar." Almudena Grandes, *El corazón helado,* 2007.
- "Nada engaña más que los recuerdos." Carlos Ruiz Zafón, *La sombra del viento*, 2001.

• **Entender**. "Sorprenderse, extrañarse, es comenzar a entender." José Ortega y Gasset, *La rebelión de las masas*, 1929.

- "Yo sí quiero entender lo que oigo y leo, como las personas profanas." José Jiménez Lozano, *Los cuadernos de la letra pequeña*, 2003.

• **Envejecer**. "Aprende bien y vive y envejece lento." Francisco Mora, *El bosque de los pensamientos*, 2009.

- "Envejecer es perder la capacidad de admiración." José Luis García Martín, ABCD las Artes y la Letras, 13-19/10/2007.
- "Sí, lo terrible de envejecer es lo solo que te vas quedando, la enorme cantidad de amigos a los que sobrevives, y que son esos fantasmas a los que se refiere. No te molestan, es más, los prefiero a muchos vivos." Juan Luis Panero, Entrevista a Nuria Azancot, El Cultural, 22-28/11/2007.

- **Equilibrio**. "El hombre necesita recobrar el equilibrio de su alma." Vicente Ferrer, *El poder de la acción*, 2012.
- **Errores**. "Los errores no son derrotas sino lances de la vida." José María Carrascal, *Todavía puedo*, 2018.
  - "No hay más que un modo de dar una vez en el clavo, y es dar ciento en la herradura." Miguel de Unamuno, *Vida de Don Quijote y Sancho*, 1905.
  - "Me arrepiento de no haber cometido mejores errores." Ángela Vallvey, en Marta Robles "Ángela Vallvey", LaRazón.es, 19/03/2016.
  - "La mayoría de los errores que he cometido en mi vida han sido por apresurarme." José María Carrascal, *El mundo visto a los 80 años*, 2014.
  - "Los españoles están orgullosos de todos sus errores y se aferran a ellos." Antonio Vallejo-Nágera, *Yo, el rey*, 1985.
  - "No hay torpeza de la cual no quepa extraer alguna útil enseñanza." Santiago Ramón y Cajal, *Recuerdos de mi vida*, 2006. [Publicado en 1901.]
- **Escaparse**. "Los hombres que siempre están escapando se agarran al refugio más pequeño: la taberna, la cama efímera de la prostituta, la pensión humilde, la casa del amigo." Tomás Salvador, *El atentado*, 1960.
- **Esclavizar**. "Todo el que nos da algo nos esclaviza un poco." Dionisio Ridruejo, *Diario de una tregua*, 1972.
- **Escuchar**. "Cada cual se encierra en sus doctrinas, en sus simpatías, sin escuchar al vecino. ¡Qué se va a hacer!" Pío Baroja, *Desde la última vuelta del camino, I*, 2006.
  - "Cuando alguien tiene la humildad de escuchar –pri-

mitivo e indispensable signo de inteligencia-, es capaz de aprender algo de casi todo el mundo." Begoña Aranguren, *Memorias de Emanuela de Dampierre*, 2003.

- "Escuchar es lo más peligroso, es saber, es estar enterado y estar al tanto, los oídos carecen de párpados que puedan cerrarse instintivamente a lo pronunciado, no pueden guardarse de lo que se presiente que va a escucharse, siempre es demasiado tarde." Javier Marías, *Corazón tan blanco*, 1992.
- "Tumbado sobre la yerba de la cuneta es como puede oir las voces de los otros y escuchar la suya propia dentro de su corazón." Julio Llamazares, *En Babia*, 1991.
- "Vuelve cuando hayas aprendido a escuchar." J.J. Benítez, *La otra orilla*, 2000.
- "En tu camino por la vida, escucha siempre la voz de tu corazón." Vicente Ferrer, *El poder de la acción*, 2012.

• **Esfuerzo**. "Lo inteligente consiste en conseguir el máximo de disfrute con el mínimo de esfuerzo…" Luis Racionero, *Guía práctica para insatisfechos*, 1997.

• **Espera**. "La espera es el óxido del alma." Carlos Ruiz Zafón, *La sombra del viento*, 2001.

• **Esperar**. "Yo me encuentro ya con que me sobra tiempo y no me espera nadie." César González Ruano, "Se ha inventado el paraguas", ABC, 17/6/1959, *Obra periodística*, (1943-1965), II, 2003.

- "El hombre es proyectivo, futurizo, orientado hacia el futuro. Esto quiere decir que su vida consiste fundamentalmente en esperar." Julián Marías, *La fuerza de la razón*, 2005.

- **Estereotipos**. "Algo hemos avanzado en los últimos años, pero seguimos siendo toreros y flamencos, figurantes de *Carmen*, frailes torvos, conquistadores sanguinarios." Antonio Muñoz Molina, "Vanguardia y bata de cola", Babelia, 5/1/2008.
- **Eternidad**. "No hay más eternidad que el presente. El presente tiene el sabor de todos los siempres." Francisco Umbral, *Diario político y sentimental*, 1999.
  - "El final del hombre no se encuentra en la tierra, está en la eternidad." Vicente Ferrer, *El poder de la acción* 2012.
- **Ética**. "A veces es difícil actuar, pero creo que ser ético es hacer lo que hay que hacer y no hacer lo que no hay que hacer." Antonio Garrigues Walker, Huffington Post, 25/10/2014.
- **Exageración**. "… la exageración es un error tanto de los artistas como de los escritores bisoños. Un sentimiento presentado con una moderación que no deje un regusto a avaricia solo produce auténtico placer." Enrique Vila-Matas, *El traje de los domingos,* 1995.
- **Excelencia**. "Es necesario que desarrollemos una inteligencia práctica basada en la empatía y el buen criterio, la voluntad de excelencia y de mejora continua, y que veamos en el otro no solo a quien es hoy, sino a quien puede llegar a ser." Álex Rovira en alexrovira.com
  - "La excelencia puede ser emulada igual que la mediocridad." Antonio Muñoz Molina, *Todo lo que era sólido,* 2013.

- **Exigir**. "... no se puede exigir nada cuando no se exige uno también, y sobre todo, a sí mismo." Julián Marías, ABC, Doble diario de la Guerra Civil, fascículo 33 (1936-39).
  - "La humanidad se divide en dos clases de criaturas: las que se exigen mucho y acumulan sobre sí mismas dificultades y deberes, y las que no se exigen nada de especial, sino que para ellas vivir es ser en cada instante lo que ya son, sin esfuerzo de perfección sobre sí mismas, incapaces de otro esfuerzo que el estrictamente impuesto por la necesidad." Jose Ortega y Gasset, *La rebelión de las masas*, 1928.
- **Éxito**. "El éxito rápido no se puede conseguir más que adulando al público, pintándolo bueno, interesante, gracioso, amable; es decir, mintiendo." Pío Baroja, *Desde la última vuelta del camino, II*, 2006.
  - "Si quieres llegar a alguna parte, haz las preguntas correctas." Sonia Fernández-Vidal, *La puerta de los siete cerrojos*, 2011.
  - "El secreto del éxito es un secreto a voces." Ramón Gómez de la Serna, *Greguerías*, 1979.
- **Expresarse**. "Soy de los que creen que las pintas de las personas, y su manera de expresarse, dicen mucho acerca de ellas." Javier Marías, *Los villanos de la nación*, 2010.
- **Extraordinario**. "... lo extraordinario nos hace extraordinarios a nosotros." Juan Ramón Jiménez, *Y para recordar por qué he venido*, 1990.

- **Falsedades**. "... y me cuento también con quienes sospechan que el noventa y nueve por ciento de los datos, rumores y noticias recogidos y difundidos por la prensa, la radio y la televisión son, sencillamente, falsos." Fernando Sánchez Dragó, *Libertad, fraternidad, desigualdad*, 2007.
  - "Siempre he creído que solo se puede construir sobre la verdad, porque es coherente, resplandeciente aún cuando es dolorosa; la falsedad por el contrario es en sí misma destructora, incoherente, incapaz de edificar nada valedero y estable." Julián Marías, *La fuerza de la razón*, 2005.
  - "Es falso como la modestia." Javier Memba, El Mundo, 1/6/1995.
- **Fama**. "La fama se convierte, a principios de la Edad Moderna, en un sucedáneo de la inmortalidad." José María Carrascal, *Todavía puedo*, 2018.
  - "La gloria, la fama, la unanimidad es un espejismo. Siempre aparece más brillante en otro." Francisco Umbral, *Diario político y sentimental*, 1999.
- **Fanatismo**. "Pero como el español no puede vivir sin creer –sus mismas virtudes vitales se lo impiden-, se fanatiza; dice entonces, y con qué ahínco, con qué desgarro, que cree en lo que no cree." Juan Gil-Albert, *Los días están contados*, 1974.
- **Fe**. "La fe es otra forma del conocimiento." José María Carrascal, *El mundo visto a los 80 años*, 2014.

- "Llamo fe a la seguridad ontológica fundamental, la que nos permite vivir en la incertidumbre y el riesgo." Salvador Pániker, *Segunda memoria*, 1988.
- "Cuando una mujer pierde la fe en su hombre, ya no hay nada que hacer." Juan Antonio de Zunzunegui, *Esta oscura desbandada*, 1957.
- "Fe que no duda es fe muerta." Miguel de Unamuno, *La agonía del cristianismo*, 1924.
- "O se cree o no se cree, eso es todo…" José María Gironella, *La duda inquietante*, 1988.
- "Hay una ancestral y sostenida tendencia humana al acto de fe." Gregorio Salvador, "Actos de fe", ABC, 19/1/2008.

• **Feliz**. "Y ese sentirme "Feliz" lo promueve, fundamentalmente, el sentimiento de que puedo estar ayudando a la gente." Francisco Mora, Entrevista, EemotionalMagazine, oct., 2013.

- "Feliz no es el rico, sino el que se encuentra a gusto dentro de su piel." Luis Racionero, *Guía práctica para insatisfechos*, 1997.
- "Soy feliz, pero lo que veo es que no tiene porvenir mi felicidad." Ramón Gómez de la Serna, *Diario póstumo*, 1972.

• **Feos**. "Resulta difícil, cuando se tienen ya algunos años, admitir que haya personas totalmente buenas o totalmente malas, absolutamente feas o absolutamente bellas, cosas totalmente caras o totalmente baratas." César González Ruano, "El silencio del campo", Pueblo, 14/7/1956, *Obra periodística*, (1943-1965), II, 2003.

- **Filantropía**. "La cordialidad, la generosidad, la caridad, la filantropía, todo eso es muy flojo y muy poco vivo en el hombre. La mayoría de las veces está solo en las palabras." Pío Baroja, *Desde la última vuelta del camino, II*, 2006.
- **Filósofos**. "Un filósofo debe ser intempestivo." Carlos García Simón, El País, 10/8/2007.
  - "... el filósofo es el pastor de las multiplicidades." Fernando Savater, *Invitación a la ética*, 1982.
  - "... el filósofo es el delegado del pensamiento." El País, 2/4/1986.
  - "Ni los filósofos ni los poetas tienen fama de buen sentido en los negocios, sino que más bien se los presenta como inválidos niños grandes." Fernando Savater, *El jardín de las dudas*, 1993.
  - "Los filósofos han sido siempre conciencia crítica en el seno de su tiempo." Emilio Lledó, Hoyesarte.com, 20/05/2015.
  - "... si no sirven para nada, no son tampoco, como a veces se los pinta, y ellos mismos a veces gustan de imaginarse, perniciosos." José Ferrater Mora, *Mariposas y supercuerdas*, 1994.
  - "Se ha citado a menudo una frase de Ortega: *La claridad es la cortesía del filósofo.*" José Ferrater Mora, *Mariposas y supercuerdas*, 1994. [En Ortega y Gasset, *¿Qué es filosofía?*, Espasa-Calpe, 1973.]
- **Fortalecerse**. "En realidad, yo no he alcanzado triunfos más que sobre mí mismo: dominándome, fortaleciéndome espiritualmente." José Francos Rodríguez, en José López Pinillos, *Cómo se conquista la notoriedad*, 1920.

- **Fracasos**. "Una de las lecciones que aprendí era el ¡atrévete! y no le tengas miedo al fracaso." Arantza de Areilza, en Antonio Astorga, ABC.es, 13/09/2011.
  - "Llevar con elegancia y paciencia un fracaso es más difícil que llevar un triunfo." Francisco Umbral, *Diario político y sentimental*, 1999.
  - "... los que no sentís la emoción del fracaso no comprenderéis nunca la esencia del romanticismo." Alejandro Casona, *Nuestra Natacha*, 1936.
  - "En este oficio solo se aprende de los propios fracasos, no de los éxitos." Alberto Vázquez-Figueroa en Juan Ramón Iborra, *Confesionario*, 2001.
  - "Los fracasos son terriblemente deprimentes. Y hay personas con mucho talento que sucumben a ellos." Francisco Nieva en Juan Ramón Iborra, *Confesionario*, 2001.
- **Fraternidad**. "La igualdad y la fraternidad me parecieron siempre mitos de guardarropía." Pío Baroja, "La formación psicológica de un escritor", Cruz y Raya, 12/5/1935.
  - "En las naciones no hay libertad, ni fraternidad, ni igualdad." Pío Baroja, *Los inéditos de* Hoy, 2003.
  - "... la fraternidad es un sueño hermoso, pero irrealizable, al menos por ahora." José Martínez Ruiz, Azorín, *La voluntad*, 1903.
- **Frustración**. "En el pasado hay frustración y en el futuro, angustia; la alegría es presente." Álex Rovira, El Faro de Vigo, 31/10/2017.

- **Fuerza del espíritu**. "Las fuerzas del espíritu no bastan; cuando las fuerzas físicas flaquean, el espíritu va en angarillas; hay que cuidar lo físico como lo moral." Victoria Kent, *Cuatro años en París, 1940-1944*, 2007.

G

- **Ganar**. "Porque hay que ganar siempre aunque sea con trampa. A veces la trampa vale más que la victoria." Ramón J. Sender, *En la vida de Ignacio Morel*, 1969.
- **Gastarse**. "Es mejor y más sano para el alma, se dijo hace ya mucho tiempo, gastarse que enmohecerse." Camilo José Cela, *Cuatro figuras del 98 y otros retratos y ensayos españoles*, 1961.
- **Género humano**. "… el género humano es el peor de los géneros…" Arturo Pérez-Reverte, *Con ánimo de ofender, (1998-2001)*, 2001.
  - "... encuentro que el género humano es execrable en general y los hombres, por su orgullo y desmedida ambición, en particular." Begoña Aranguren, *Memorias de Emanuela de Dampierre*, 2003.
- **Genios**. "Es preciso que trabajemos como si no fuéramos genios, y este pensamiento, que dondequiera es útil, lo es mucho más entre las gentes de España, propensas a no contentarse con menos que con descubrir todos los días el Mediterráneo." José Ortega y Gasset, *Personas, obras, cosas*, 1904 – 1916.
  - "¡Un genio! ¡He practicado catorce horas diarias durante treinta y siete años, y ahora me llaman genio!" Frase atribuída a Pablo Sarasate, violinista y compositor español.

- "Lo único que no se puede hacer es escribir mal y ser tonto. Yo prefiero las contradicciones de un genio a la coherencia de un tonto." Francisco Umbral, en Manuel Hidalgo, "Umbral inmortal", El Mundo, 22/1/1993.
- "Y en cuanto a los genios, sabido es que difícilmente se doblegan a las reglas escritas: prefieren hacerlas." Santiago Ramón y Cajal, *Los tónicos de la voluntad*, 1912.
- "La primera carácterística del genio es el sentido común." Francisco Umbral, *Cela: un cadáver exquisito*, 2002.

• **Gloria**. "La gloria, la fama, la unanimidad es un espejismo. Siempre aparece más brillante en otro." Francisco Umbral, *Diario político y sentimental*, 1999.
- "La gloria literaria es un espejismo, una fantasmagoría momentánea..." José Martínez Ruiz, Azorín, *La voluntad*, 1903.

• **Gozar**. "Hay que aprender a fingir que se trabaja mientras se goza, para poder seguir activamente gozando sin trabajar..." Fernando Savater, *Mira por donde, autobiografía razonada*, 2003.
- "Hemos de pensar, hemos de gozar y hemos de padecer. En una palabra, hemos de vivir." Camilo José Cela, *Cuatro figuras del 98 y otros retratos y ensayos españoles*, 1961.

• **Gracioso**. "Es siempre fácil ser gracioso cuando no se tiene responsabilidad." Gregorio Marañón, *Vida e historia*, 1940.
• "Cuando un español sale simpático, no hay ser más atorrante en el planeta." Rafael Sánchez Ferlosio, *Ensayos y artículos*, I, 1992.

- **Gratitud**. "La confianza, el optimismo, la gratitud, la generosidad, el perdón, la curiosidad, la esperanza, la fe, el entusiasmo, la humildad, la entrega o la serenidad son, entre tantos otros, poderosos acicates para la realización individual y colectiva." Álex Rovira, "Cuando querer es poder", El País, 4 junio, 2006.
- **Gris**. "No hay blanco ni negro. Hay gris. Y en la infinita gama de grises participan blancos y negros, venenos y antídotos imprevisibles." César González Ruano, "Sierpes inocentes y criaturas venenosas", ABC, 6/6/1958, *Obra periodística*, (1943-1965), II, 2003.
- **Gritos**. "La pasión, o el grito, que puede ser lo mismo, es un fracaso de la expresión de la idea." Rafael Sánchez Ferlosio en Blanca Berasátegui, *Gente de palabra*, 1987.
- **Gula**. "La lujuria, la gula, la ira y aun la envidia hacen arder a todo fuego la candela de la vida." Salvador de Madariaga, *Cosas y gentes, II,* 1979.

H

- **Hablar**. "Pensar es hablar consigo mismo." Miguel de Unamuno, *Del sentimiento trágico de la vida*, 1913.
  - "Hablar es fácil, decidir no tanto." Mariano Rajoy, TVE, 20 dic., 2017.
  - "… cuando el hombre se pone hablar, lo hace porque cree que va a poder decir cuanto piensa. Pues bien: esto es lo ilusorio. El lenguaje no da para tanto." José Ortega y Gasset, *La rebelión de las masas*, 1929.
  - "… en la vida no se habla así; se habla con incoherencias, con pausas, con párrafos breves, incorrectos… naturales." José Martínez Ruiz, Azorín, *La voluntad*, 1903.

- **Hacer cosas**. "La alegría es un sentimiento positivo del ánimo que nadie duda lleva siempre a hacer cosas." Francisco Mora, Entrevista, EemotionalMagazine, oct., 2013.
- **Halitosis**. "El amor, cuando es verdadero, se demuestra en los amaneceres, cuando después de una noche de ronquidos y malos aires besas la boca de tu señora, y ella besa la tuya, envueltas ambas bocas en los hedores matinales de los restos de la cena fermentados entre los intersticios dentales y morales." Chumy Chúmez, *Hacerse un hombre*, 1996.
- **Herencia genética**. "La mitad del ser de uno, o posiblemente más, es la herencia y el ambiente. Y luego, claro, la voluntad de serlo." Julio Caro Baroja, en Blanca Berasátegui, *Gente de palabra*, 1987.
  - "El que hereda una joroba se tiene que fastidiar pero el que hereda una idea tonta si continúa con ella es porque quiere." Delfín C. Marshall, *Un antro de perdidos* 1990.
- **Heroísmo**. "El heroísmo es un culto al asesinato." Ángeles Mastretta, *Mal de amores*, 1996.
- **Hiperconectividad**. "La hiperconectividad nos dispersa la mente y genera hambre de silencio y de desierto." Pablo d'Ors, Religión Digital, 16 diciembre, 2016.
- **Hogar**. "El hogar generalmente no es dulce. Es un lugar donde tienes que vivir por contrata, por contrata con una mujer." Delfín C. Marshall, *Un antro de perdidos* 1990.
  - "… el hogar destierra del alma el egoísmo, ennoblece el instinto sexual, genera altos anhelos sociales y fortalece el patriotismo." Santiago Ramón y Cajal, *Los tónicos de la voluntad*, 1912.

- **Hombres**. "… a los libros, como a los hombres, los respetamos y admiramos por sus buenas cualidades, pero solo los amamos por algunos de sus defectos." Santiago Ramón y Cajal, *Los tónicos de la voluntad*, 1912.
  - "… el hombre es el animal que se justifica, que pretende razonar sus acciones para presentarlas como buenas aunque no lo sean." Delfín C. Marshall, *Un antro de perdidos* 1990.
  - "El hombre es el mayor espectáculo para otro hombre." Francisco Umbral, en Manuel Hidalgo, "Umbral inmortal", El Mundo, 22/1/1993.
  - "El hombre, en general, es como el viajero del tren: todas las estaciones que ha pasado le parecen horribles; sin embargo, quiere seguir y pasar por nuevas estaciones, aunque tiene la sospecha de que serán tan desagradables como las otras." Pío Baroja, *Desde la última vuelta del camino, II*, 2006.
  - "El hombre no es el animal que piensa, ni que habla, ni que utiliza instrumentos, no; el hombre es el animal que incordia." Delfín C. Marshall, *Un antro de perdidos* 1990.
- **Homosexualidad**. "El homosexualismo es una de tantas fallas humanas, y no parece por ahora, muy curable, o al menos, si es curable, no es con discursos éticos ni con figuras retóricas." Pío Baroja, *Desde la última vuelta del camino, II*, 2006.
  - "… hay un enorme tabú sobre la homosexualidad…" Fernando Savater en Javier Gurruchaga, *Garras humanas*, 1999.

- "Todo el que vivía una vida homosexual era un presunto delincuente por el mero hecho de ir con otro hombre, pero había un entorno nocturno que lo amparaba." Luis Antonio de Villena, en Javier Gurruchaga, *Garras humanas*, 1999.
- "Entiendo la homosexualidad como entiendo todas las variantes sexuales. Pienso que no hay perversiones, pues que todo nace espontáneo de la naturaleza." Francisco Umbral, *Los cuadernos de Luis Vives*, 1996.

• **Honra**. "Son capaces de perderlo todo, y hasta de dejarse matar, con tal de perdurar con honra en la memoria de los otros." Antonio Gala, *El manuscrito carmesí*, 1990.

• **Hoy**. "Del ayer vengo, al mañana voy, pero el hoy es ese momento inverosímil, por lo real e inapresable, en que yo escribo, canto o muero." Juan Gil-Albert, *Los días están contados*, 1974.

- "Como el hoy es siempre duro, nos consolamos idealizando el ayer, para, así, en su día, encontrar también en el hoy consuelo para el mañana." Gregorio Marañón, *Vida e historia,* 1940.

• **Huir**. "Huir siempre de uno mismo, de los otros y de lo otro, para ser siempre… el mismo verdadero." Juan Ramón Jiménez, *Y para recordar por qué he venido*, 1990.

• **Humanos**. "Todos los humanos, solo por serlo, tienen tanto en común que las diferencias me parecen mínimas." Antonio Gala, *El manuscrito carmesí*, 1990.

- "Lo que tenemos los humanos en común es el repudio a los peores crímenes…" Fernando Savater, *El jardín de las dudas*, 1993.

- **Humor**. "El humor se revela como el único sentido del universo." Enrique Vila-Matas, *Dietario voluble*, 2008.
  - "El humor es esa bala olvidada en la recámara, es la tabla de salvación, el hilo que cose lo que nos separa y el abrazo que nunca nos dimos." José Mota, "Se nos fue Chiquito", El Mundo, 11/11/2017.
  - "Aceptar el humor por el humor, es un ejercicio de gente civilizada y aún hay muchos que no lo son, aunque lleven corbata." Antonio Mingote, en José Luis Pécker, "Gente importante" TVE 1973.
  - "El humor es la manera más elegante de ser humilde." Pablo d'Ors, ABC Cultura, 03/09/2014.
  - "El humor y la risa dan significado a la existencia y a todas las cosas de la vida." Vicente Ferrer, *El poder de la acción*, 2012.
- **Humoristas**. "... los humoristas tuvimos que volvernos serios, formales e incluso taciturnos, pues no se toleraba que gastásemos bromas a nadie, ni que nos riésemos de la imbecilidad humana, que en aquellos últimos tiempos era respetadísisma." Miguel Mihura, *Mis memorias*, 1965.

I

- **Ideal**. "Nada diría yo nunca de un hombre de ideas diferentes u opuestas a las mías si él fuese fiel a su ideal y su ideal fuese un ideal respetable." Juan Ramón Jiménez, *Y para recordar por qué he venido*, 1990.
- **Idioma**. "Pero temo por el idioma, sobre todo en lo conversacional, un lado importante de la cuestión, porque si se acepta el rebajamiento de la palabra hablada,

¿cómo vamos a defender la palabra escrita?" César González Ruano, "Miedo a base de bien", ABC, 7/8/1957, *Obra periodística*, (1943-1965), II, 2003.

- "Alguna gente empezó a decir en España hace algunos años que no hay que lastimar el idioma. Pero resulta que el idioma lo están lastimando todos los pueblos del mundo." Juan Gelman, Babelia, 26/1/2008.

• **Iglesia**. "... he aprendido a distinguir una serie de formas literarias y espirituales que no tienen nada que ver con el corpus dogmático la iglesia. Y que me han enriquecido literaria y espiritualmente." Juan Goytisolo en Juan Ramón Iborra, *Confesionario*, 2001.

- "La Iglesia... es para mí una de esas cosas que cuanto más lejos mejor." Javier Marías, *Harán de mí un criminal*, 2003.

• **Ignorantes**. "Solo los ignorantes y los fanáticos pueden hacer afirmaciones tajantes desconociendo la complejidad de lo real. La especialización no es una buena solución." José Antonio Marina, *Memorias de un investigador privado*, 2003.

- "... una cultura de la tertulia. Hablan los periodistas y otras personas de cosas de las que casi no saben nada, con una total desfachatez. Se crean así una serie de falsos valores cuyas comparecencias y opiniones –retribuidas además con sumas muy superiores a las que ganan científicos y profesores- logran peso y resonancia en la vida pública..." Manuel Azcárate, *Derrotas y esperanzas*, 1994.

• **Ilusión**. "La mitad de la felicidad depende de la ilusión, y la otra mitad de la esperanza." Santiago Ramón y Cajal, *Charlas de café*, 1921.

- "La única manera de vivir que vale la pena es la que llamamos *vivir ilusionado*." Julián Marías, *Una vida presente*, 2008.
- "Hay que mantener la ilusión sin hacernos ilusiones, parece haber sido la divisa de Mercedes Salisachs." Rafael Borràs Betriu, *La batalla de Waterloo*, 2003.
- "La ilusión es la mala hembra indócil, que, bajo el techo de los artistas, solo pasa una vez." Eduardo Zamacois, *La cita*, 1907.

• **Imagen**. "... como el poema, la imagen es un arte de inmovilizar el instante." Pere Gimferrer, *Segundo dietario (1980-1982)*, 1982.

- "Se ha pasado de una cultura oral a una literal y de ésta a la actual cultura icónica, en la cual la imagen ya no se construye con poemas o artículos, sino con la propia imagen de la persona." Luis Racionero, *Guía práctica para insatisfechos*, 1997.

• **Imaginar**. "Soy un hombre capaz de imaginarlo todo. Imagino tanto, que hasta imagino que vamos a hacer el ridículo." Gonzalo Torrente Ballester en Blanca Berasátegui, *Gente de palabra*, 1987.

• **Imbecilidad**. "Tal vez existe un grado supremo de la imbecilidad que no está al alcance de cualquier idiota normal. Un grado que impide hasta reír y llorar. Impenetrable para los comunes mortales." Javier Marías, *Harán de mí un criminal*, 2003.

• **Importancia**. "Nada realmente es muy importante y muchas veces lo que nos parece que lo es no tiene la menor importancia mientras que puede tenerla, por ejemplo, un humilde detalle mínimo que, por su propia humildad, estaba pasando desapercibido ante nuestros ojos." Enrique Vila-Matas, *El traje de los domingos,* 1995.

- "Nada importante se hizo sin entusiasmo." Enrique Vila-Matas, *Dublinesca*, 2010.

• **Imposiciones**. "Lejos de mi ánimo imponer a nadie mis opiniones y mucho menos mi sensibilidad." José Ortega y Gasset, "De la cortesía o la buenas maneras", 1918 en ABCD las Artes y las Letras, 27/10/2007.

• **Improvisaciones**. "En el oficio de las letras suelen dejarse demasiados cabos sueltos flotando en el aire de la improvisación." Camilo José Cela, *Cuatro figuras del 98 y otros retratos y ensayos españoles*, 1961.

- "... no se construya el templo sin tener antes la religión en marcha." Gregorio Marañón, *Obras completas*, III, 1972.

• **Impunidad**. "Los atropellos nunca acaban si gozan de la impunidad que concede la abulia de quienes deberían reprobarlos." Fernando Savater, *El jardín de las dudas*, 1993.

- "... lo terrible que era el ambiente de estulticia colectiva en que vivíamos, en el que el débil mental o el malvado se movía como el pez en el agua y el hombre reflexivo no contaba." Julio Caro Baroja, *Los Baroja*, 1972.

• **Inconformistas**. "Si nos acostumbramos a ser inconformistas con las palabras, acabaremos siendo inconformistas con los hechos. Ambas actitudes son, sin embargo, formas de libertad." Emilio Lledó, "Necesidad de la literatura", en *Una invitación a la lectura*, El País, 2002.

- **Inconvenientes**. "No se puede ir al mismo tiempo por la carretera ancha y por el sendero estrecho, y cada cosa tiene sus ventajas y sus inconvenientes." Pío Baroja, *Desde la última vuelta del camino, I*, 2006.
- **Indagar**. "Por eso importa que no se pierda, por minúscula que sea, la actitud que consiste en indagar, con seguridad y alguna esperanza, a pesar de la constitutiva fragilidad de la evidencia, esa claridad sin la cual a última hora, hasta lo más brillante, puede oscurecerse." Julián Marías, *La fuerza de la razón*, 2005.
- **Indiferencia moral**. "Me saca de quicio la indiferencia moral ante la crueldad." Antonio Muñoz Molina en Juan Ramón Iborra, *Confesionario*, 2001.
- **Individualidad**. "… la necesidad de valorar y cultivar nuestra individualidad." Enrique Vila-Matas, *Dietario voluble*, 2008.
  - "Cada hombre tiene una misión de verdad. Donde está mí pupila no está otra: lo que de la realidad ve mi pupila no lo ve otra. Somos insustituíbles, somos necesarios." José Ortega y Gasset, "Verdad y perspectiva" *El Espectador*, tomo I, 1916.
- **Inercia mental**. "¡Oh, la nefasta inercia mental, la *inadmirabilidad* de los ignorantes! ¡Qué retrasos ha causado en el conocimiento del universo!" Santiago Ramón y Cajal, *Recuerdos de mi vida*, 2006. [Publicado en 1901.]
  - "Dejarse llevar, no actuar para cambiar el curso de las cosas, es una actitud con graves consecuencias en lo colectivo y en lo individual." Álex Rovira, "La peligrosa inercia", El País, 24 dic., 2006.

- "La peligrosa inercia no ve la tenue pero firme unidad de las cosas: fragmenta la realidad y se queda con lo que le interesa." Álex Rovira, "La peligrosa inercia", El País, 24 dic., 2006.

- **Infancia**. "El pasado es la infancia; el tiempo pasado es el envejecimiento." Jorge Semprún, *Federico Sánchez se despide de ustedes*, 1993.
- **Infinito**. "Lo que suele llamarse infinito y eternidad no es sino poesía. Infinito y eternidad son más que dios para el hombre." Juan Ramón Jiménez, *Y para recordar por qué he venido*, 1990.
- **Infortunio**. "Sabed que hay un instante en nuestra vida, un instante único, supremo, en que detrás de una puerta que vamos a abrir está nuestra felicidad o nuestro infortunio..." Azorín, *Confesiones de un pequeño filósofo*, 1902.
  - "Una de las pautas para sobrevivir es imponernos a los infortunios." César Antonio Molina, "Soledad y solidaridad", Elmundo.es 9 junio, 2017.
- **Ingratitud**. "El defecto más grave del hombre es la ingratitud." José Ortega y Gasset, "Creer y pensar" 1931, en *Ideas y creencias*, 1940.
  - "... de todos los vicios el que detesto más es el de la ingratitud." Fernando Savater, *El jardín de las dudas*, 1993.
- **Injusticias**. "El perdedor, tanto en el juego como en la vida, necesita rodearse de elementos que representen su derrota como un signo de injusticia y de impiedad: humo, alcohol, habitaciones clandestinas, mujeres de labios rojos y una cierta sensación de indefensión." Julio Llamazares, *En Babia*, 1991.

- "Solo la acción tenaz en pro de la verdad justifica el vivir y consuela del dolor y de la injusticia." Santiago Ramón y Cajal, *Recuerdos de mi vida*, 2006.

- **Inmortalidad**. "La fe en la inmortalidad es irracional." Miguel de Unamuno, *Del sentimiento trágico de la vida*, 1913.
  - "La fama se convierte, a principios de la Edad Moderna, en un sucedáneo de la inmortalidad." José María Carrascal, *Todavía puedo*, 2018.
  - "Pasar a la inmortalidad no es otra cosa que lograr entrar en la memoria de quienes nos sobrevivan o no han nacido todavía." César González Ruano, "El recuerdo de la inmortalidad", ABC, 6/9/1959, *Obra periodística*, (1943-1965), II, 2003.
  - "El amor es lo que da su sentido más profundo a la inmortalidad." Julián Marías, *La fuerza de la razón*, 2005.
- **Inocencia**. "Alguna vez he dicho que cuando la vida te despoja de las inocencias y de las palabras que se escriben con mayúscula, te dejan muy poquitas cosas entre los restos del naufragio." Arturo Pérez Reverte, *No me cogerás vivo, 2001-2005)*, 2005.
  - "La inocencia es, con la ingenuidad, la única actitud verdaderamente creadora." Julián Marías, *La fuerza de la razón*, 2005.
  - "La inocencia es la miopía del entendimiento." Eduardo Zamacois, *Incesto*, 1900.
- **Insatisfacción**. "... es la insatisfacción hacia la propia vida, uno se encierra en los libros como el que se pica con caballo o le da al canuto." Antonio Muñoz Molina en Juan Ramón Iborra, *Confesionario*, 2001.

- **Insólito**. "La vida era vida precisamente por eso, porque de pronto aparecía lo inesperado, lo insólito, lo que quedaba más allá del sentido común." José María Gironella, *La duda inquietante*, 1988.
  - "En orden al carácter como en orden a la poesía, lo insólito irrita." José Ortega y Gasset, "De la cortesía o la buenas maneras", 1918, en ABCD las Artes y las Letras, 27/10/2007.
- **Insultos**. "... cuando los insultos se pueden traducir literalmente a nuestra lengua originaria, duelen más." Antonio Vallejo-Nágera, *Yo, el rey*, 1985.
  - "El insulto tiene su origen vil, procede de la chusma y vuela libremente por las urbes de España." Raúl del Pozo, El Mundo, 25/10/2007.
- **Inteligente**. "Nunca he conocido a nadie realmente inteligente que amase a los demás o confiase en ellos." Manuel Vázquez Montalbán, *Los mares del sur*, 1979.
  - "No se puede ser comunista e inteligente al mismo tiempo." José Villacís, Gestiona Radio, Programa de Javier Gª Mateo, 15 dic., 2017.
- **Intenciones**. "Una cosa es no tener prisa ni meta y otra carecer de intenciones." Fernando Sánchez Dragó, *Libertad, fraternidad, desigualdad*, 2007.
  - "Confundes la intención con el impulso..." María Martínez Sierra, *Una mujer por caminos de España*, 1989. [María de la O Lajárraga.]
- **Interesar**. "Al fin conseguí interesarme por mí mismo, cuando ya nada tengo que demostrar a nadie ni obligación alguna de explotar los conocimientos

adquiridos y desahuciados." J. A. Gabriel y Galán, *La memoria cautiva*, 1981.

- "Me interesan las cosas ajenas, porque las mías no tienen remedio." Ramiro de Maeztu, *Autobiografía*, (Editora Nacional) 1962.

• **Intimidad**. "Solo sabe de intimidad quien sabe de soledad." José Ortega y Gasset, *Kant*, 192.

- "La intimidad es un concepto puramente místico. La intimidad es necesaria, evidentemente, en los humanos, en los primates. Pero si a alguien no le importa perder su intimidad, toda cuestión pierde su sentido." Manuel Bueno, Interviú, 12/3/2001.

• **Intransigencia**. "Yo soy, antes que todo, amigo de la libertad. Roja, negra o azul, la intransigencia me crispa. Los males de España se nutren de nuestra condición de intransigentes feroces." Jacinto Benavente, Entrevista de Francisco Lucientes, El Sol, 27/8/1931.

• **Intuición**. "...intuición que no es otra cosa que una forma de conocimiento distinta a la lógica..." José María Carrascal, *El mundo a los 80 años*, 2014.

- "No hay en este mundo sino la intuición y la capacidad de ideación estética." Ramón J. Sender, *En la vida de Ignacio Morel*, 1969.

• **Ira**. "La lujuria, la gula, la ira y aun la envidia hacen arder a todo fuego la candela de la vida." Salvador de Madariaga, *Cosas y gentes, II,* 1979.

• **Irracionalidad**. "La irracionalidad esclaviza." José Antonio Marina, *Memorias de un investigador privado*, 2003.

J

- **Jefes**. "Donde hay jefes nunca se pueden discutir opciones." José Antonio Labordeta, *Con la voz a cuestas*, 1982.
- **Jovialidad**. "La seriedad debe reservarse para los asuntos que lo merecen; para la vida cotidiana y corriente es mejor volver los ojos a la jovialidad, la forma más fácil y accesible de algo tan importante como la alegría." Julián Marías, *La fuerza de la razón*, 2005.
- **Jugar**. "A medida que se van haciendo hombres, los niños cambian de juguetes, pero no renuncian a jugar." Julio Camba, *El Mundo*, 23/12/1907.
  - "No hay que dejar que la vida juegue con nosotros. Hay que adelantarse a jugar con la vida." Ramón J. Sender, *En la vida de Ignacio Morel*, 1969.
- **Justificación**. "Si esta justificación no ha justificado nada ha cumplido con el fin de todas las justificaciones." Delfín C. Marshall, *Un antro de perdidos* 1990.
- **Juventud**. "Juventud, juventud, llorada juventud, esposa infiel de todos los hombres... Una noche saltas sigilosamente del lecho y te alejas sobre la punta de tus pies rosados…" Wenceslao Fernández Flórez, *La casa de la lluvia*, 1943.
  - "Yo lo que quiero es beberme hasta el último trago de mi juventud." Alejandro Casona, *Nuestra Natacha*, 1936.
  - "El tren se va alejando… La cara de la viajera se hace cada vez más diminuta, se borra. Yo siento como si con ella se alejara también un amor mío… ¡mi Juventud!" Rafael Cansinos-Asséns, *La novela de un literato 3*, 1995.

- "La juventud es tantas cosas que no puede ser además sabiduría, experiencia." Francisco Umbral, *Los cuadernos de Luis Vives*, 1996.

L

- **Lamentarse**. "... no cedan a la tentación de aborrecer la realidad; no cedan a la tentación de lamentarse: aunque crean que es el Apocalipsis, no es el Apocalipsis; aunque sientan ganas de llorar, no lloren." Javier Cercas, "Seacabó", El País Semanal, 12/8/2007.
- **Lector**. "Que la colaboración del lector es una parte de la novela se prueba en que no todas las novelas tienen el mismo valor para todos los lectores." Delfín C. Marshall, *Un antro de perdidos* 1990.
  - "Todo autor hace un pacto implícito con el lector." José Antonio Marina, *El misterio de la voluntad perdida*, 1997.
  - "Los libros cambian con sus lectores. Es que aquello que los lectores eligen no define la fauna literaria, define a sus lectores." Alberto Manguel, "Antes del diluvio", Babelia, 29/12/2007.
- **Lecturas**. "La lectura me obliga a la meditación y me crea la precisión de escribir mis reflexiones." Claudio Sánchez Albornoz, *Confidencias*, 1979.
- **Lengua**. "En fin, uno usa la lengua que le tocó en suerte." Salvador Pániker, *Cuaderno amarillo*, 2000.
  - "Cuando el hombre se pone a hablar, lo hace porque cree que va a poder decir cuanto piensa. Pues bien,

esto es lo ilusorio. El lenguaje no da para tanto." José Ortega y Gasset, *La rebelión de las masas*, 1929.

- "El idioma no se fabrica en una destilería gramatical sino que va por donde le sale de los mismísimos. "Jaime Campmany, 31/1/1999.
- "La eternidad del idioma es funcional. Está siempre haciéndose y deshaciéndose." Francisco Umbral, *Mortal y rosa*, 1975.
- "Con el lenguaje, pocas bromas." Pancracio Celdrán, *Hablar con corrección*, 2006.

• **Lentitud**. "Casi todas las cosas mejores ocurren con lentitud y al cabo de una larga dificultad, de un empeño asiduo y paciente, que muchas veces cobra al principio un aire de pura imposibilidad, de sueño absurdo." Antonio Muñoz Molina, *La vida por delante*, 2002.

• **Liberales**. "El liberal nato siente manar en él la libertad como un manantial potente de savia vital..." Salvador de Madariaga, *De la angustia a la libertad*, 1955, 1967.

- "Liberal es aquel que, creyendo en la libertad y el progreso, se da cuenta de las limitaciones de la democracia." Luis Racionero, *Guía práctica para insatisfechos*, 1997.

• **Libros**. "El libro, aún más que el perro, es el mejor amigo del hombre." José María Carrascal, *Todavía puedo*, 2018.

- "... cuando se lee mucho y se piensa poco, el libro es un instrumente terriblemente eficaz para la falsificación de la vida humana." José Ortega y Gasset, *El libro de las misiones*, 1940.
- "¿Qué nos pueden enseñar los libros que no esté en la vida?" José Martínez Ruiz, *La voluntad*, 1902.

- **Llanto**. "El llanto es tan saludable como el sudor, y más poético." Alejandro Casona, *Prohibido suicidarse en primavera*, 1937.
  - "No hay nada que tranquilice tanto como quince minutos de buen llanto y buen sollozo." Carmen Rico-Godoy, *Cómo ser una mujer y no morir en el intento*, 1990.
- **Llorar**. "Claro está que el llorar sirve de algo, aunque no sea más que de desahogo…" Miguel de Unamuno, *Del sentimiento trágico de la vida*, 1913.
- **Locura**. "No hay locura mayor que la del loco de matices. Yo os lo aseguro." Juan Ramón Jiménez, *Y para recordar por qué he venido*, 1990.
- **Lucha**. "No te desalientes –Te he visto luchar…: tu derrota de hoy es entrenamiento para la victoria definitiva." José María Escrivá de Balaguer, *Camino*, 1965.
- **Lugares**. "Es curiosa la fuerza con la que las personas nos aferramos a los lugares que alguna vez habitamos. Pasa el tiempo, pasa incluso la vida, pasan los siglos y las palabras, y nuestra memoria sigue agarrada como una hiedra a las paredes que un día nos cobijaron." Julio Llamazares, *En Babia*, 1991.

M

- **Machismo**. "… muchos pensaban que luchábamos contra los hombres cuando luchábamos exclusivamente contra el machismo imperante en la sociedad." Cristina Alberdi, *El poder es cosa de hombres*, 2001.

- **Madurez**. "La madurez lima fervores, descabalga entusiasmos; si hemos conseguido al canzar lo que anhelábamos, comienzan a marcarse en nuestra piel las primeras llagas de las ajenas envidias." Fernando Vizcaíno Casas, *Los pasos contados III*, 2002.
  - "La única ventaja de la juventud sobre la madurez es que la juventud *va hacia la madurez*, mientras que la madurez va a la caída." Juan Ramón Jiménez, *Y para recordar por qué he venido*, 1990.
  - "La juventud no es sino un trámite para llegar a la madurez y que es precisamente en la madurez cuando el hombre realiza la mejor parte de su programa juvenil, que solo en le vejez comprende." César González Ruano, "Columnas y cipreses", ABC, 3/9/1958, *Obra periodística*, (1943-1965), II, 2003.
- **Mala fe**. "Las habas de la estupidez y la mala fe se cuecen en todas partes." Arturo Pérez-Reverte, XL Semanal, 8 oct., 2017.
- **Maldecir**. "No se me ocurre maldecir, ni siquiera a los que no vale la pena bendecir, porque nunca me interesó que mis enemigos tuviesen dolor de muelas. No concibo desear a mi enemigo mal, si no es uno que le impida hacerme mal a mí." Rosa Chacel, *Alcancía vuelta*, 1982.
- **Malhumor**. "Sería interesante reparar en las graves consecuencias que ha tenido con frecuencia el malhumor, incluso en personas admirables y eminentes, que ha llevado en ocasiones a medidas de larguísismo alcance y tremendas consecuencias." Julián Marías, *La fuerza de la razón*, 2005.

- **Malos**. "... los malos siempre ganan la batalla, y que el único sistema para no despreciarte a ti mismo como cómplice consiste en escupirles exactamente entre ceja y ceja." Arturo Pérez Reverte, *No me cogerás vivo, 2001-2005)*, 2005.
- **Malvados**. "… lo terrible que era el ambiente de estulticia colectiva en que vivíamos, en el que el débil mental o el malvado se movía como el pez en el agua y el hombre reflexivo no contaba." Julio Caro Baroja, *Los Baroja*, 1972.
  - "Los que intrigan, los que tienen la sartén del mango, los que trapichean son siempre los otros." José Luis García Martín, "Llagas", en ABCD las Artes y las Letras, 27/10/2007.
- **Manía persecutoria**. "Decía Eugenio d'Ors que lo peor de los atacados de manía persecutoria es que tienen razón." Fernando Díaz Plaja, *El viaje de mi vida*, 1999.
- **Mañana**. "Quiero ilusionarme pensando más en el mañana que en el ayer." José María de Areilza citado en "En algún lugar, en alguna parte", 2/08/2009.
  - "Ante mis años y a la puerta de un cementerio, no se debe pronunciar la palabra mañana." Ramón del Valle Inclán, *Luces de bohemia*, 1920.
  - "Mañana se llama el motor del mundo, lo que hay que hacer." Max Aub, *Diario (*1939-1972), 1998.
- **Marido**. "El peor marido es cien mil veces superior al mejor amante…" Juan Antonio de Zunzunegui, *Esta oscura desbandada*, 1957.
  - "Lulú tenía una idea absurda de su marido; lo consideraba como un portento." Pío Baroja, *El árbol de la ciencia,* 1911.

- **Más allá**. "Los agujeros de los calcetines rotos dan al frío del más allá." Ramón Gómez de la Serna en Antonio Fernández Molina, Ed., *Antología de poesía mística española*, 2006.
- **Matar**. "Hay muchas cosas por las que estaría dispuesto a morir, pero ninguna por la que pudiera matar." Juan Mari Bandrés en Manuel Vázquez Montalbán, *Mis almuerzos con gente inquietante*, 1984.
- **Medicina**. "… las Facultades de Medicina enseñan la enfermedad y cómo curarla en vez de enseñar la salud y cómo mantenerla." Salvador de Madariaga, *Cosas y gentes, II,* 1979.
  - "La medicina ofrece curar dentro de cien años a los que se están muriendo ahora mismo." Ramón Gómez de la Serna, *Greguerías*, 1979.
- **Médicos**. "Los médicos no saben más que lo que les vamos enseñando los enfermos." Alejandro Casona, *Otra vez el diablo*, 1935.
  - "… el noventa y ocho por ciento son simples charlatanes con veleidades criminales." Fernando Savater, *El jardín de las dudas*, 1993.
  - "En casa de todo buen médico se entra con la preocupación de una enfermedad y se sale con la casi certeza de cuatro o cinco." Antonio Machado, *Cartas a Pilar*, 1994.
- **Mediocres**. "Hay gente que llega a un punto y cuando superan ese punto se caen abajo. Un ejecutivo al que ascienden a presidente de la compañía y aquello se viene… El tipo servía para ser creativo y se viene abajo." Alberto Vázquez-Figueroa en Juan Ramón Iborra, *Confesionario*, 2001.

- "En los Estados Unidos ha triundafo la clase mediocre que en casi todo el mundo suele coincidir (…) con la clase media." Camilo José Cela, *Cuatro figuras del 98 y otros retratos y ensayos españoles*, 1961.

- **Mediocridad**. "La mediocridad de la política española es espeluznante y es vergonzosa." Alfonso Ussía, Entrevista, El Español, 12 junio, 2016.
  - "La excelencia puede ser emulada igual que la mediocridad." Antonio Muñoz Molina, *Todo lo que era sólido,* 2013.
- **Meditación**. "Así como el estudio fortifica la inteligencia y el trabajo da temple a los músculos, la meditación robustece la fe…" Manuel Bueno, *En el umbral de la vida*, (1916), 2000.
  - "La meditación es silencio, y para guardar silencio no hace falta ningún gurú." Salvador Pániker, *Cuaderno amarillo*, 2001.
  - "Iniciarse en la meditación supone haber llegado a un punto en el que ya no te consientes apuntar a las circunstancias o culpar a los demás." Pablo d'Ors, *Biografía del silencio*, 2012.
  - "La meditación zen consiste en la observación de todo lo que ocurre –incluida la propia respiración- sin hacer ningún comentario al respecto." Salvador Pániker, *Cuaderno amarillo*, 2001
  - "La meditación no tiene por qué ser religiosa, pero es más fácil practicarla en tradiciones milenarias como la cristiana, la budista o la taoísta." Pablo d'Ors, Religión Digital, 16 diciembre, 2016.

- **Mejor**. "… de aquí son los mejores rejoneadores, las mejores cupletistas y los jornaleros más buenos, más solicitados por media Europa." Manuel Ferrán, *Con la noche a cuestas*, 1968. [Se refiere a la España de los años sesenta.]
- **Mejorar**. "Cambiar solo es deseable si nos va a permitir mejorar." José Antonio Marina, *Memorias de un investigador privado*, 2003.
- **Melancolía**. "No es que crea que las cosas no deban variar, ni mucho menos; pero el cambio produce melancolía." Pío Baroja, *Desde la última vuelta del camino, II*, 2006.
- **Memorias**. "A todos los hombres cuando se acercan a los sesenta años se les debería subvencionar para que escribiesen sus Memorias." Miguel Mihura en Salvador Jiménez, *Españoles de hoy*, 1966.
  - "… contarse del todo es un proyecto abocado al fracaso, porque nadie puede contarlo todo de sí mismo." Fernando Savater, *Mira por donde, autobiografía razonada*, 2003.
  - "Le van dejando a uno de interesar los libros de pura invención, la novela, el teatro, y nos captan los de experiencia personal: los libros de viajes y recuerdos, las Memorias, los Diarios." César González Ruano, "Las lecturas del hombre viejo", Pueblo, 21/4/1955, *Obra periodística*, (1943-1965), II, 2003.
- **Mentir**. "El éxito rápido no se puede conseguir más que adulando al público, pintándolo bueno, interesante, gracioso, amable; es decir, mintiendo." Pío Baroja, *Desde la última vuelta del camino, II*, 2006.

- "Hasta los hombres sinceros nos mentimos a nosotros mismos." Juan Antonio Vallejo-Nágera, *Yo, el rey*, 1985.
- "Las razones para mentir son tantas como para no mentir y muchas de ellas igualmente respetables." Ramón J. Sender, *En la vida de Ignacio Morel*, 1969.
- "Es imposible simplificar sin mentir." Gustavo Bueno, Curso de filosofía de la música, 9/11/2007.

- **Mentirosos**. "A un mentiroso solo le cura un sordo." Ramón Gómez de la Serna, *Greguerías*, 1979.
  - "El hombre es mentiroso por naturaleza." José María Carrascal, *Todavía puedo*, 2018.
- **Méritos ajenos**. "Hay muy poca suerte. Suerte, suerte. Lo que ocurre es que, a muchos méritos y valores, cuando son ajenos, se les llama suerte." César González Ruano, "Divagación sobre la lotería", ABC, 21/12/1958, *Obra periodística*, (1943-1965), II, 2003.
- **Meta del organismo**. "Y ¿cuál es la meta de todo organismo vivo? La supervivencia." Eduardo Punset, *El alma está en el cerebro*, 2006.
- **Metáforas**. "… el primer hombre que comparó a una rosa la boca de una mujer fue un poeta, y el segundo, un tonto." Eduardo Marquina, *Días de infancia y adolescencia*, 1964.
- **Mezquindad**. "La mezquindad, la hipocresía, el deseo de humillar, la tentación de la violencia no tienen solución." Luis María Anson, El Cultural, 22-28/11/2007.
- **Milagros**. "… la perla que se esconde dentro de lo cotidiano, del milagro de lo banal." Pablo d'Ors, *El estupor y la maravilla*, 2007.

– "Es que tampoco se puede forzar la suerte. Ni los milagros, por mucho que uno implore a Dios, que es el último reducto que le concedemos a la Fortuna." Ignacio Vidal-Folch, "Golpes de suerte", El País, 2 agosto, 2015.

• **Minimalismo**. "Comprendí lo fácil que es deshacerse de las cosas, que lo importante es lo que a una no le pueden robar." Ángela Vallvey, *Muerte entre poetas*, 2008.

– "Es mucho más lo que debo ver que lo que debo poseer." J.J. Benítez, *La otra orilla*, 2000.

• **Mirada**. "Andamos por ahí con la mirada en zonas penúltimas, la mirada encerrada en nosotros mismos, la mirada sin interés, la mirada mortecina o, a los sumo, tangencial." Salvador Pániker, *Cuaderno amarillo*, 2001.

– "Vivimos perpetuamente distraidos, despilfarrando sin parar cosas hermosas. Por eso necesitamos una pedagogía de la mirada, que nos haga más ricos, más perspicaces, más poéticos." José Antonio Marina, *Memorias de un investigador privado*, 2003.

• **Miseria**. "La prosperidad, madre de la miseria, ha arrasado con todo lo que amaba." Fernando Sánchez Dragó, *Libertad, fraternidad, desigualdad*, 2007.

• **Misión**. "Cuando a un hombre se le impone al nacer una misión, gloriosa o desdichada, su vida tendría que concluirse cuando se concluyera esa misión." Antonio Gala, *El manuscrito carmesí*, 1990.

– "Misión significa lo que un hombre tiene que hacer en la vida." José Ortega y Gasset, *El libro de las misiones*, 1940.

- **Mística y música**. "Permanece atento y oirás los himnos secretos de tu alma..." Cristóbal Zaragoza, *Y Dios en la última playa*, 1981.
- **Mitos**. "Yo creo que tras todo mito hay información válida. No deberíamos desestimarla." Javier Sierra, La Vanguardia, 03/04/2016.
  - "Los mitos históricos tienen casi siempre un fundamento real." José María de Areilza, *Paisajes y semblanzas*, 1988.
  - "El terror no es la muerte, es su mito." Gabriel Albiac, *Diccionario de adioses*, 2005.
- **Modales**. "Los modales han sido fruto de un largo esfuerzo humano por suavizar asperezas, respetar al prójimo, no herirle con malos gestos, malos olores, malas respuestas." José Antonio Marina, *Memorias de un investigador privado*, 2003.
- **Molestar**. "Hay un cobarde egoísmo en la teoría de no molestar a la gente, y es de que la gente no le moleste a uno." Julio Camba, *España Nueva*, 19/3/1907.
- **Monotonía**. "La monotonía y la pasividad de su existencia profesional se multiplican y exasperan muchas veces si no siempre con la monotonía de su existencia privada a causa de la mediocridad de su vivienda." Salvador de Madariaga, *De la angustia a la libertad*, 1955, 1967.
  - "Con las letras, pues, surge la posibilidad de una experiencia interior que alimenta la inicial y radical soledad y monotonía del individuo." Emilio Lledó, *El surco del tiempo*, 1992.

- **Moralidad**. "… la vida era de una moralidad terrible; llevarse a una mujer sin casarse con ella era más difícil que raptar a la Giralda a las doce del día…" Pío Baroja, *El árbol de la ciencia*, 1911.
  - "Las campañas de moralidad y de virtuosismo son casi siempre absurdas y sin ninguna eficacia." Pío Baroja, *Los inéditos de* Hoy, 2003.
- **Morirse**. "… conforme pasan los años nos vamos muriendo poco a poco, hasta quedar prácticamente solos ante la muerte." José María Carrascal, *El mundo a los 80 años*, 2014.
  - "Morirse es meterse por sorpresa en un vagón de carga vacío." Ramón Gómez de la Serna, *Greguerías,* 1979.
- **Morriña**. "La morriña es una vaga e inconcreta sensación de vacío que no se apoya ni en los sentidos ni en el alma." Camilo José Cela, *Cuatro figuras del 98 y otros retratos y ensayos españoles*, 1961.
- **Motines**. "En los motines que la escasez provoca suelen las masas populares buscar pan, y el medio que emplean suele ser destruir las panaderías." José Ortega y Gasset, *La rebelión de las masas*, 1929.
- **Muerte**. "La realidad de la muerte se reduce a la tristeza que experimentan los supervivientes." José Ortega y Gasset, *El espectador I*, 1916.
  - "Los mismos cueros tenemos todos los mortales al nacer y sin embargo, cuando vamos creciendo, el destino se complace en variarnos como si fuésemos de cera y en destinarnos por sendas diferentes al mismo fin: la muerte." Camilo José Cela, *La familia de Pascual Duarte*, 1942.

- "En el encuentro con la muerte, no te asustes. Todo acabará bien." Vicente Ferrer, *El poder de la acción*, 2012.
- "En un mundo de ficción la muerte de un personaje no es nada: tan solo el final de un capítulo, o el principio de una nueva historia." Lorraine C. Ladish, *Maldito autor*, 2006.

- **Mujer**. "...pasó la existencia creyendo que sufrir era el destino natural de la mujer." Pío Baroja, *El árbol de la ciencia,* 1911.
  - "La mujer tiene el poder mágico de llenar el vacío del mundo." Gregorio Marañón, *Vida e historia*, 1040.
  - "... la mujer es el sexo fuerte." La Vanguardia, 2/12/1995.
  - "La mujer es el elemento clave para poder descifrar el misterio del universo." La Prensa, 27/1/1997.
  - "Los hombres tendrían que pedir perdón a las mujeres durante toda la vida por todo el sufrimiento recibido a través de los siglos." Vicente Ferrer, *El poder de la acción*, 2012.
  - "No entiendo que, después de siglos y siglos de maltratos y explotación despiadados, las mujeres sigan aguantándonos, sigan queriéndonos y cuidándonos." Javier Cercas, "Feminismo salvaje", El País, 13 agosto, 2017.
  - "Pero la mujer que quiere un poco a un hombre siempre piensa que debe salvarle de algo. De otra mujer, por ejemplo." Francisco Umbral, *Diario político y sentimental*, 1999.
  -

- "Una mujer sola se dedica a fastidiar al hombre, si hay varias se fastidian entre ellas." Delfín C. Marshall, *Un antro de perdidos* 1990.

• **Multitudes**. "Las multitudes son inconstantes y crueles." Azorín, *Confesiones de un pequeño filósofo*, 1902.

• **Mundo**. "El mundo es una paradoja; o mejor decir, una contradicción incomprensible…" Felipe Trigo, *El domador de demonios,* 1917.

- "Este mundo, con ser tan grande, a veces no pasa de maletín de mano." Vicente Díez de Tejada, *La manzana podrida*, 1917.
- "Venimos a este mundo sin que se nos pida permiso…" Emilio Romero, *La paz empieza nunca*, 1957.
- "El mundo no cambia y únicamente *yo* desaparezco." Juan Gil-Albert, *Los días están contados*, 1974.

• **Museos**. "Yo supongo que las visitas a los museos tienen para la vida moral la misma importancia que jugar a la brisca." Pío Baroja, *Desde la última vuelta del camino, II*, 2006.

N

• **Nacer**. "… como es sabido, nacer es empezar a morir." Enrique Vila-Matas, *Historia abreviada de la literatura portátil*, 1985.

  • "… abundan en la especie humana los que nacen sin llegar nunca a saber para qué han nacido." Fernando Sánchez Dragó, *Muertes paralelas*, 2006.

• **Nadie**. "... en este oficio, en mayor o menor grado, todos somos nadie, a no ser que salgamos mucho en la televisión, lo cual tampoco salva de la invisibilidad, porque solo sirve para que la cara de uno les resulte familiar a un número inmenso de personas que jamás van a leerle." Antonio Muñoz Molina, *La vida por delante*, 2002.

- **Naturaleza**. "No hay nada simple en la naturaleza." José María Carrascal, *Todavía puedo*, 2018.
  - "Dejamos consignado que lo inútil, aun aceptando el punto de vista humano (con las necesarias restricciones de tiempo y lugar), no existe en la Naturaleza." Santiago Ramón y Cajal, *Los tónicos de la voluntad*, 1912.
  - "La naturaleza es feroz." Salvador de Madariaga, *De la angustia a la libertad*, 1955, 1967.
- **Necesidades**. "Los deseos se amplían cuando se amplían las necesidades." José Antonio Marina en Bernabé Serabia (reseña), *Las arquitecturas del deseo*, 2007, El Cultural, 6-12/12/2007.
- **Negación**. "Negar que las cosas sean lo que aparecen es envolverlas en puntos suspensivos." Ramiro de Maeztu, *Autobiografía*, (Editora Nacional) 1962.
  - "La negación es el índice de debilidad de una filosofía, el área de lo que no ha sido capaz de afirmar, la sombra de esa filosofía, la sombra del poder de esa filosofía." Eugenio Trías, *Meditación sobre el poder*, 1977.
- **Neuronas**. "Las conexiones entre neuronas son plásticas y se modifican en función de las demandas del ambiente." Rafael Yuste, Entrevista, ABC Ciencia, 22/03/2014.
  - "Las neuronas son entes dinámicos que se modifican en sus conexiones, ramificaciones, estructura celular y procesos químicos y eléctricos bajo influencia de la información recibida…" José M. Rodríguez Delgado, *La felicidad*, 1988.

- **Niebla**. "La niebla es consecuencia de la huelga del viento que se niega tercamente a soplar..." José María de Areilza, *Paisajes y semblanzas*, 1988.
- **Niños**. "¿Cuántos niños conocemos que se resistan, cuando les metemos en cama, a que nos sentemos a su lado y les contemos y leamos un cuento?" Esther Tusquets, *Confesiones de una editora poco mentirosa*, 2005.
  - "A los instintos anarquistas del niño deben añadirse estos otros: la crueldad y la inclinación al dominio." Santiago Ramón y Cajal, *Recuerdos de mi vida*, 2006. [Publicado en 1901.]
  - "Hay que enseñar a los niños la libertad". Emilio Lledó, en Pilar Álvarez, El País, 27/03/2018.
- **Noche**. "De noche, cualquier persona es sospechosa en la oscuridad, pero de día ni una guerra podía detener el pulso de un millón de almas yendo a su trabajo, cumpliendo su cometido diario." Jordi Sierra i Fabra, *En Canarias se ha puesto el sol*, 1979.
  - "Hay gentes que tienen miedo a la noche, y no es extraño." Ramón J. Sender, *En la vida de Ignacio Morel*, 1969.
  - "Por la noche es cuando te encuentras contigo mismo." Julio Anguita, *Corazón rojo*, 2005.
- **Nota disonante**. "... recordó que la nota disonante de una orquesta es la que mejor se oye y más tiempo se recuerda..." Ramón J. Sender, *En la vida de Ignacio Morel*, 1969.
- **Notoriedad**. "... la fama estruja (...). Nos arrebata las suavidades del hábito; turba la paz del espíritu; coarta el sacrosanto albedrío; pone en riesgo la humildad, obli-

gándonos de continuo a pensar y hablar de nosotros…" Santiago Ramón y Cajal, *Recuerdos de mi vida*, 2006. [Publicado en 1901.]

- **Novillos**. "… hacer novillos o faltar a la escuela, que siempre fue la mayor de las delicias, por cierto, y que nadie que no la haya gozado podrá ni imaginar…" José Jiménez Lozano, *Los cuadernos de la letra pequeña*, 2003.

O

- **Obediencia**. "La obediencia es la humildad de la voluntad, que se sujeta al querer ajeno, por Dios." José María Escrivá de Balaguer, *Surco*, 1986.
- **Objetos**. "… las cosas, los objetos, tienen, yo no diré que su alma, pero sí que su *algo*. La vida se ha frotado con ellos y algo de esa vida se ha quedado allí. Con sus ojos ciegos, con sus oídos sordos, con su boca muda, han sido testigos de argumentos de nuestra existencia." César González Ruano, "El traje viejo", Pueblo, 3/3/1956, *Obra periodística*, (1943-1965), II, 2003.
- **Obra de caridad**. "… la obra de caridad más propia de nuestro tiempo: no publicar libros superfluos." José Ortega y Gasset, *La rebelión de las masas*, 1929.
- **Observación**. "Mi modesta verdad se ha formado en la observación y la meditación de las cosas concretas, las que yo he directamente vivido, y solo sobre ellas me considero capacitado para hablar." Gregorio Marañón, *Obras completas*, III, 1972.
- **Ocasión**. "Siempre he desperdiciado la ocasión." Juan Ramón Jiménez, *Y para recordar por qué he venido*, 1990.

- **Ociosidad**. "La confianza ilimitada… en pueblos meridionales y de componentes religiosos muy fuertes, como el nuestro, conduce inevitablemente a la ociosidad." Gregorio Marañón, *El Conde-Duque de Olivares*, 1936.
- **Odio**. "Lo más corrosivo es el odio porque es irracional." Ignacio Morgado, El Cultural, 27 nov. 2017.
  - "El odio tenía más prisa que el amor y que la amistad, y lo hacía mejor." Ángel Mª de Lera, *Las últimas banderas*, 1967.
  - "Aleja de ti la crispación. Procura estar siempre sereno. Haz tu trabajo sin odio." Cristóbal Zaragoza, *Y Dios en la última playa*, 1981.
- **Oficios**. "… me parece que la gente le da mucha importancia a esto de la literatura, que al fin de cuentas no es sino un oficio como otro cualquiera." Camilo José Cela en Salvador Jiménez, *Españoles de hoy*, 1966.
  - "… en estos oficios tan solitarios, en personas que no nos han regalado nunca nada, que hemos tenido que conquistar duramente lo que para nosotros es normal, el rencor es muy fácil y puede dañar a personas estupendas." Antonio Muñoz Molina en Juan Ramón Iborra, *Confesionario*, 2001.
- **Olvidar**. "Olvidar es una forma, económicamente necesaria, de disolver aquella parte de nosotros que, por diversas razones (algunas conocidas, otras ni siquiera cognoscibles), no toleramos." Carlos Castilla del Pino, *Pretérito imperfecto*, 1997.
  - "Me refiero a todo aquello que nunca debimos aprender y que tenemos que olvidar: por ejemplo, que esta-

mos programados para morir, que somos más inteligentes de lo que éramos hace cincuenta mil años, que caminamos necesariamente hacia algo mejor… Son las cosas que nunca debimos aprender y que debemos olvidar." Eduardo Punset, *El alma está en el cerebro*, 2006.

- **Opinión**. "Una cosa es tener sobre estas materias una modesta opinión personal para andar por casa y otra arrojarse a discutir, con argumentos de segunda mano, temas que, aun entre especialistas requieren ser tratados con cautela." Julio Casares, *Crítica efímera*, 1919.
  - "Todo esto da ganas de reír. La gente no se entera, y quiere tener opiniones, y la mayoría de las veces no sabe el valor de las palabras." Pío Baroja, *Desde la última vuelta del camino, I*, 2006.
  - "… hasta el último imbécil tiene su opinión…" Javier Marías, *Harán de mí un criminal*, 2003.
- **Oportunidades**. "No hay segundas oportunidades, excepto para el remordimiento." Carlos Ruiz Zafón, *La sombra del viento*, 2001.
- **Optimistas**. "No suelen ser nuestras ideas las que nos hacen optimistas o pesimistas, sino que es nuestro optimismo o nuestro pesimismo, …el que hace nuestras ideas." Miguel de Unamuno, *Del sentimiento trágico de la vida en los hombres y en los pueblos*, 1913.
  - "Cuando se medita, y yo gusto de la meditación, pocas cosas pueden sorprendernos en la vida. Todo es, hasta ahora, tal como lo esperaba y lo veía; nada me ha sorprendido. Era optimista, y mi optimismo

sigue volando." Gregorio Marañón, entrevistado por Francisco de Viu, La Voz, 14/9/1931.

- **Orar**. "… el lenguaje sirve para los más diversos usos: para charlar, para pedir y para mandar, para saludar, para teorizar y filosofar también, por supuesto, para agradecer y para maldecir, para muchas cosas más, y, entre ellas, para orar, para rezar." José Luis L. Aranguren, *Talante, juventud y moral*, 1975.
- **Órdenes**. "Los adultos siempre recurren a la orden cuando se les acaba la razón." Álvaro de Laiglesia, *Yo soy fulana de tal*, 1974.
- **Originalidad**. "La originalidad existe cuando no se la busca, especialmente si no se la busca; el que crea desde sí mismo dentro de un estilo le añade algo nuevo y lo modifica; he calificado de devastadora la búsqueda de originalidad por sí misma." Julián Marías, *La fuerza de la razón*, 2005.
  - "Fernando Savater dice que las personas que no comprenden el encanto de las citas suelen ser las mismas que no entienden lo justo, equitativo y necesario de la originalidad. Porque donde se puede y se debe ser verdaderamente original es al citar." Enrique Vila-Matas, El País, 6/1/2008.

P

- **Paciencia**. "La paciencia es virtud que jamás se queda sin su premio y el paciente, tarde o temprano, recoge siempre la recompensa a su actitud." Camilo José Cela, ABC, 14/2/1999.

- "Con paciencia no hay quien nos venza." Manuel Vázquez Montalbán, *Los mares del sur,* 1979.
- "Disfrutar la música, el teatro, la pintura, requiere una cierta actitud de contemplación, un hábito de quietud y paciencia." Antonio Muñoz Molina, *La vida por delante*, 2002.
- "La paciencia es también un modo de oración, y puede serlo egregio." Leopoldo Panero, *Obras completas, II*, 1973.

• **Padres**. "Los padres son las raíces de las que es tan doloroso desprenderse." Julián Marías, *Una vida presente*, 2008.

• **Palabra**. "La palabra es el principal medio de seducción." José María Carrascal, *Al filo de medianoche… y algo más*, 1992.

- "La palabra, un poco de aire estremecido que, desde la madrugada confusa del Génesis, tiene poder de creación." José Ortega y Gasset, *Mirabeau o el político*, 1927.
- "Las palabras que usamos dicen más de nosotros." Antonio Muñoz Molina, *Todo lo que era sólido*, 2013.
- "Cada palabra lleva un poema dentro. Hay palabras que al oírlas junto a mí, hieren como un badajo la campana de mi alma y me despiertan historias lejanas." Miguel de Unamuno, *Unamuno-Maragall, Epistolario…* 1971.
- "Todo esto da ganas de reír. La gente no se entera, y quiere tener opiniones, y la mayoría de las veces no sabe el valor de las palabras." Pío Baroja, *Desde la última vuelta del camino, I*, 2006.

- "La historia de las palabras es la historia del mundo." Juan Antonio Millán, El Mundo, 27/10/2006.
- "La palabra es un sacramento de muy delicada administración." José Ortega y Gasset, *La rebelión de las masas*, 1929.

• **Paraíso**. "Proust pensaba que el paraíso se habia perdido en el tiempo que pasó." José María de Areilza, *Paisajes y semblanzas*, 1988.

- "... la envidia es la inclinación natural de los que no conocen el paraíso más que de oídas." Manuel Bueno, *En el umbral de la vida*, (1916), 2000.

• **Pasado**. "No hay hecho del pasado que no pueda prefigurar el presente." Antonio Muñoz Molina, *Todo lo que era sólido*, 2013.

- "En el pasado hay frustración y en el futuro, angustia; la alegría es presente." Álex Rovira, El Faro de Vigo, 31/10/2017.
- "El presente es el pasado que acaba de cumplirse, y el futuro es el pasado que queda por cumplir." Felipe Fernandez-Armesto, Entrevista, El País, 19 junio, 2016.
- "Negar el pasado es absurdo e ilusorio, porque el pasado es lo natural del hombre y vuelve al galope." José Ortega y Gasset, *La rebelión de las masas*, 1929.
- "... es fácil hacer la crítica de lo pasado a la vista de los resultados..." Ángel Mª de Lera, *Las últimas banderas*, 1967.
- "El pasado acostumbra a esperarnos siempre, solo que por detrás." Carlos Marzal, *Electrones*, 2007. [De un libro de aforismos.]

- **Paseante**. "Augusto no era un caminante, sino un paseante de la vida." Miguel de Unamuno, *Niebla*, 1914. [Se refiere a Augusto Pérez, protagonista de la novela.]
- **Pasión**. "La pasión es lo único grande, lo único hermoso, lo único alentador que ameniza un poco nuestra pedestre existencia." Manuel Bueno, *En el umbral de la vida*, (1916), 2000.
  - "No hay más remedio que abandonarse a las pasiones, o a una gran pasión." Francisco Nieva en Juan Ramón Iborra, *Confesionario*, 2001.
  - "Es necesario querer muchas cosas apasionadamente." José M. Rodríguez Delgado, *La felicidad*, 1988.
- **Patriotas**. "No se es más patriota por imponer, se es más patriota por convencer." María Teresa Fernández de la Vega, El Mundo, 27/9/2007.
- **Paz**. "La paz es, casi siempre, la inacción y la estupidez. Allí donde mucha agente reunida es donde habrá menos paz." Julio Camba, *El Mundo*, 24/6/1908.
  - "... aburrimiento, padre de la paz tonta y abuelo de la guerra loca." Salvador de Madariaga, *Cosas y gentes, II,* 1979.
  - "Yo cultivo con cariño este amor intelectual e inactual y esta sordera de lo presente. Escribo como si el mundo viviera en paz. Voy vaciando el espíritu en los eternos moldes, sin esperar nada de ello. En general, escribo novelas." Pío Baroja, *Juventud, egolatría*, 1917.
  - "Sin cercas no hay reclamaciones ni guerras y sin guerras no hay paz." Juan Benet, *En la penumbra*, 1989.
- **Pedagogía**. "... una mala pedagogía de los derechos, (...) ha conducido a una cultura de la reclamación y la

queja, en vez de a una cultura de la participación y la responsabilidad." José Antonio Marina, *Memorias de un investigador privado*, 2003.

- "Es un mal, y muy grave, el que se le diga y repita al niño que las cosas son fáciles. Hay ocasiones en que es deber del maestro hasta el dificultar." Miguel de Unamuno, *La raza vasca y el vascuence. En torno a la lengua española*, 1975.

• **Pedir**. "La razón metafísica de la existencia de los pobres es clara: pobres son aquellos que piden lo que no tienen, porque no se conforman a pasar sin ello." Camilo José Cela, *Las compañías convenientes*, 1999.

- "La mendicidad consiste en pedir, y yo no sé cómo hay gentes incapaces de comprender este razonamiento." Julio Camba, *El Mundo*, 27/2/1908.

• **Pelotazo**. "Primero la palabra *pelotazo* se decía en un tono confidencial y luego se volvió pública." Antonio Muñoz Molina, *Todo lo que era sólido*, 2013.

• **Pensamiento**. "Un solo pensamiento del hombre podríamos decir, parodiándole, vale más que todas las máquinas por el hombre creadas para su comodidad y su servicio." Claudio Sánchez Albornoz, *Confidencias*, 1979.

- "... un pensamiento expuesto con rigor es siempre claro, aunque cueste trabajo entenderlo." Camilo José Cela, *Cuatro figuras del 98 y otros retratos y ensayos españoles*, 1961.

- "Los individuos que componen esa sociedad no pueden ser personas, seres autónomos, si no tienen la posibilidad de desarrollar su propio pensamiento por muy modesto que sea. Un pensamiento que solo se nutre de libertad." Emilio Lledó, "Necesidad de la literatura", en *Una invitación a la lectura*, El País, 2002.

- "Cuando nos recluimos a pensar en nosotros mismos solo pensamos, como mucho, en nuestras cosas. Lo malo de pensar es que no hay pensamientos, sino cosas." Francisco Umbral, *Diario político y sentimental*, 1999.
- "Cada vez parece más evidente que hay que reconocer múltiples formas de pensamiento." Julián Marías, *Razón de la filosofía*, 1993.

• **Peor**. "Hay personas que poseen la rara virtud de sacar lo peor que cada uno lleva dentro." Manuel Vicent, *Retratos*, 2005.

• **Perder**. "Quien lo pierde todo de pronto y, en vez de rendirse, decide que ha de empezar de nuevo genera una energía que renueva el mundo en torno a él." Antonio Muñoz Molina, *La vida por delante*, 2002.

• **Perdón**. "… no hay mayor falacia que pedir perdón por el pasado cuando se actúa con parecida soberbia o ceguera en el presente." Antonio Muñoz Molina, *La vida por delante*, 2002.

- "La confianza, el optimismo, la gratitud, la generosidad, el perdón, la curiosidad, la esperanza, la fe, el entusiasmo, la humildad, la entrega o la serenidad son, entre tantos otros, poderosos acicates para la realización individual y colectiva." Álex Rovira, "Cuando querer es poder", El País, 4 junio, 2006.
- "Los hombres no piden perdón: hacen lo que hacen y dicen lo que dicen, y luego se aguantan." Javier Cercas, *Soldados de Salamina*, 2001.

- **Perdurar**. "Son capaces de perderlo todo, y hasta de dejarse matar, con tal de perdurar con honra en la memoria de los otros." Antonio Gala, *El manuscrito carmesí*, 1990.
- **Perfección**. "La perfección no existe, y en este universo ni siquiera sería deseable." Rafael Santandreu, La voz de Galicia, 04/04/2017.
  - "… nada en la tierra, ni siquiera lo que nos parece óptimo, un desnudo de Miguel Ángel, una sonata de Mozart o un soneto de Petrarca, alcanza a ser enteramente perfecto." Pedro Laín Entralgo, *Descargo de conciencia (1930-1960)*, 1976.
  - "… experiencia –o adiestramiento- que me enseñó, entre otras cosas, a ser más humilde y a huir de la estúpida y generalizada idea de la última perfección de los logros terrenales." Camilo José Cela, *Viaje a la Alcarria*, 1948.
- **Perplejo**. "Yo estoy sorprendido y perplejo de ser hombre como lo estaría de ser un chacal sarnoso." Ramón J. Sender, *En la vida de Ignacio Morel*, 1969.
- **Persona**. "Una persona vale por las pasiones que tiene." José Villacís, Gestiona Radio, Programa de Javier Gª Mateo, 15 dic., 2017.
- **Personalidad**. "… más personalidad a veces en un analfabeto andaluz que en un profesor alemán." Salvador de Madariaga, *Cosas y gentes, II,* 1979.
- **Perversidad**. "Toda la historia rezuma esa perversidad de la gente acomodada para con la gente indefensa… y otras muchas cosas; todo género de resentimientos, de mezquindades, de rencores." Rosa Chacel, *Alcancía vuelta*, 1982.

- **Pesimismo**. "El pesimismo y el optimismo son resultados orgánicos como las buenas o malas digestiones." Pío Baroja, *El árbol de la ciencia,* 1911.
  - "En confianza te diré que yo veo con mucho pesimismo el pasado de España." Chumy Chúmez, *De su propia cosecha*, 2007.
- **Piedad**. "... la piedad, magnificada por el cristianismo, es una claudicación o cobardía de la voluntad..." Eduardo Zamacois, *La cita*, 1907.
- **Pintura**. "Quizá esto es lo que nos revelan la pintura y la poesía: que yo y el otro, que Dios y yo, que todo y yo, que yo y tú, somos lo mismo, somos materia y forma." Andrés Ibáñez, "Ninguna piedra es muda", ABCD las Artes y las Letras, 29/12/2007.
- **Placer**. "Los placeres en proyecto son el origen del infortunio." Manuel Azaña, *El jardín de los frailes*, 1927.
  - "Muchos hombres y mujeres encuentran su placer erótico en la variación, otros en la mutua fidelidad y algunos en entregarse, místicamente a los deleites de la imaginación." Fernando Fernán-Gómez, *El tiempo amarillo*, 1999.
  - "El placer y la felicidad están en el cerebro." José M. Rodríguez Delgado, *La felicidad*, 1988.
- **Plantas**. "La serena vida de las plantas es bálsamo para los momentos de turbación." José Antonio Marina, *El misterio de la voluntad perdida*, 1997.
- **Pobres**. "La razón metafísica de la existencia de los pobres es clara: pobres son aquellos que piden lo que no tienen, porque no se conforman a pasar sin ello." Camilo José Cela, *Las compañías convenientes*, 1999.

- "… un pobre no tiene más capital que su decencia." Manuel Bueno, *En el umbral de la vida*, (1916), 2000.
- "El modo más eficaz de hacer inofensivos a los pobres es enseñarles a querer imitar a los ricos." Carlos Ruiz Zafón, *La sombra del viento*, 2001.
- "Soy hijo de un pobre; pero no de un pobre de americana, de un burgués pobre, sino de un pobre de blusa, de un pobre de verdad: de un jornalero." José Francos Rodríguez, en José López Pinillos, *Cómo se conquista la notoriedad*, 1920.
- "El español es pobre por holgazán y holgazán por pobre." Camilo José Cela, *Cuatro figuras del 98 y otros retratos y ensayos españoles*, 1961.

• **Poder**. "Quien posee información tiene poder. Y quien puede distribuir información tiene influencia." José Antonio Marina, *Memorias de un investigador privado*, 2003.
- "… mande quien mande, quienes tienen el poder siempre necesitan a los mismos." Arturo Pérez Reverte, *No me cogerás vivo, 2001-2005)*, 2005.
- "El poder es la capacidad de obtener obediencia." Salvador de Madariaga, *Cosas y gentes, II,* 1979.
- "Cuando se pueda. Nunca es tarde." Eugenio d'Ors, *Las cien más bellas glosas de Eugenio d'Ors*, 1989.

• **Poemas**. "… como el poema, la imagen es un arte de inmovilizar el instante." Pere Gimferrer, *Segundo dietario (1980-1982)*, 1982.

• "… cada palabra lleva un poema dentro. Hay palabras que al oírlas junto a mí, hieren como un badajo la campana de mi alma y me despiertan historias lejanas." Miguel de Unamuno, *Unamuno-Maragall, Epistolario…* 1971.

- **Poetas**. "Se quejan algunos poetas de lo poco que se les lee. Pero ya Tetrarca se quejaba de lo mismo." Salvador Pániker, *Cuaderno amarillo*, 2001.
  - "… *poeta* es el tonto ridículo que escribe sandeces que nadie lee." Delfín C. Marshall, *Un antro de perdidos* 1990.
  - "Gane quien gane las guerras, las pierden siempre los poetas." Javier Cercas, *Soldados de Salamina*, 2001.
- **Populismo**. "El populismo avanza porque el mundo de las clases trabajadoras ha sido destruido por el capitalismo corporativo y devaluado por las élites culturales." César Antonio Molina, "El rebelde siglo XXI", Elmundo.es, 21 oct.2017.
- **Portarse bien**. "Pórtate bien *ahora*, sin acordarte de *ayer*, que ya pasó, y sin preocuparte de *mañana*, que no sabes si llegará para ti." José María Escrivá de Balaguer, *Camino*, 1965.
- **Posibilidades**. "Una de las grandes funciones de la inteligencia es inventar posibilidades reales." José Antonio Marina, *Memorias de un investigador privado*, 2003.
- **Posible**. "Hoy, de puro parecernos todo posible, presentimos que es posible también lo peor: el retroceso, la barbarie, la decadencia." José Ortega y Gasset, *La rebelión de las masas*, 1929.
- **Posteridad**. "La posteridad salva algunos libros y condena otros, pero en el fondo no repara ninguna injusticia." Antonio Muñoz Molina, *La vida por delante*, 2002.
- **Pragmatismo**. "Tampoco se ve muy clara la eficacia del pragmatismo. Si todas nuestras ideas son utilitarias, como en el fondo lo son, ¿para qué destacar el carácter

utilitario de nuestros conceptos?" Pío Baroja, *Desde la última vuelta del camino, II*, 2006.

- **Predicar**. "Predicar es afirmar una moral." María Martínez Sierra, *Una mujer por caminos de España*, 1989.
- **Pregunta**. "La pregunta por el sentido de la vida carece de sentido." Salvador Pániker, *Segunda memoria*, 1988.
- **Premio**. "No hay promesa de premio a la que no se corresponda amenaza de castigo…" Rafael Sánchez Ferlosio, *Ensayos y artículos*, I, 1992.
- **Presente**. "Quien vive un presente angustioso necesita creer que puede conseguir un futuro mejor." José Antonio Marina, *Memorias de un investigador privado*, 2003.
  - "No hay hecho del pasado que no pueda prefigurar el presente." Antonio Muñoz Molina, *Todo lo que era sólido*, 2013.
  - "El presente es el pasado que acaba de cumplirse, y el futuro es el pasado que queda por cumplir." Felipe Fernandez-Armesto, Entrevista, El País, 19 junio, 2016.
  - "En el pasado hay frustración y en el futuro, angustia; la alegría es presente." Álex Rovira, El Faro de Vigo, 31/10/2017.
  - "Un presente lo es, porque cada latido que lo constituye es esperanza del latido que viene y en cuya esperanza existe." Emilio Lledó, *El surco del tiempo*, 1992.
  - "Solo me interesa el presente porque es el sitio donde voy a pasar el resto de mi vida. Quiero decir que vivo en el presente y vivo mejor." Francisco Umbral, *Diario político y sentimental*, 1999.

- **Previsión**. "… es la previsión la capacidad de pre-ver lo que va a ocurrir, el *verlas venir* del lenguaje de la calle." José María Carrascal, *El mundo a los 80 años*, 2014.
- **Prisa**. "Una cosa es no tener prisa ni meta y otra carecer de intenciones." Fernando Sánchez Dragó, *Libertad, fraternidad, desigualdad*, 2007.
  - "Llegar lo antes posible donde nadie nos espera." Santiago Ramón y Cajal, *El mundo visto a los ochenta años*, 1934.
  - "No tenga prisa. No hay nada bajo la bóveda de los cielos, absolutamente nada que la merezca ni la justifique." Fernando Sánchez Dragó, *Libertad, fraternidad, desigualdad*, 2007.
  - "¿Hay algo en el mundo que valga la pena de ir a buscarlo deprisa?" Julio Camba, *El Mundo*, 8/6/1908.
  - "Las prisas son para los delincuentes y para los malos toreros." Jaime de Armiñán, *La dulce España*, 2000.
- **Privacidad**. "El lavado de cerebro es la máxima invasión de la privacidad." Eduardo Punset, *El alma está en el cerebro*, 2006.
- **Problemas**. "No busques nunca la solución a un problema cuya realidad no hayas comprobado, ni investigues un crimen hasta que aparezca el cadáver." José Antonio Marina, *El misterio de la voluntad perdida*, 1997.
  - "No plantearse un problema es como suponer su inexistencia." Ramiro de Maeztu, *Autobiografía*, (Editora Nacional) 1962.
  - "Cuando creemos solucionar un problema, en realidad, no estamos calculando la solución: lo único que

hacemos es recuperar información de la memoria y hacer una predicción." Eduardo Punset, *El alma está en el cerebro*, 2006.

- **Procrastinador**. "El procastinador toma la firme decisión de hacer una cosa mañana, decisión que volverá a ser aplazada con la misma resolución al día siguiente. Tiene, pues, una gran fuerza de voluntad para actuar en el futuro, pero una débil voluntad para el presente." José Antonio Marina, *Memorias de un investigador privado*, 2003.
- **Profecías**. "Las profecías tienden a realizarse cuando existe un fuerte deseo que las impulsa." Álex Rovira, "Superarse con el efecto Pigmalión", El País, 17 sept., 2006.
- **Profetizar**. "Se ha dicho que la filosofía de la Historia es el arte de profetizar lo pasado; mas es lo cierto que no cabe profecía ni del porvenir sino a base de Historia, aunque sin filosofía." Miguel de Unamuno, "La promesa de España," El Sol, 12/5/1931.
- **Progreso**. "El progreso verdadero es el descubrimiento de nosotros mismos y del mundo que nos rodea, como un misterio formidable, cuya verdad solo entrevemos por estrechos resquicios." Gregorio Marañón, *Obras completas*, III, 1972.
- **Progreso tecnológico**. "La cultura no se ha puesto a la altura de los enormes progresos tecnológicos, los valores no se han modernizado *pari pasu* con los acelerados cambios científicos y las portentosas herramientas derivadas de los mismso." Luis Racionero, *Guía práctica para insatisfechos*, 1997.
- **Propaganda**. "Esa forma de irracionalismo convierte

el lenguaje en *propaganda* porque no aspira a comprender la realidad, ni a conocerla o analizarla sino a transmitirla prefabricada de acuerdo con su propio sistema ideológico." Jordi Gracia, *La resistencia silenciosa*, 2004.

- **Propósitos**. "Haz pocos propósitos. –Haz propósitos concretoss. –Y cúmplelos." José María Escrivá de Balaguer, *Camino*, 1965.
- **Prosperidad**. "La prosperidad, madre de la miseria, ha arrasado con todo lo que amaba." Fernando Sánchez Dragó, *Libertad, fraternidad, desigualdad*, 2007.
  - "… creo que la libertad de pensamiento y la libertad de comercio son la base de la prosperidad de las naciones." Fernando Savater, *El jardín de las dudas*, 1993.
- **Protagonistas**. "Cada uno es protagonista de su propia realidad." José María Gironella, *La duda inquietante*, 1988.
- **Proyectos**. "Entre mis papeles viejos deben andar los restos de este nunca cumplido proyecto; otro más en el tan repetido querer, poder y casi llegar…" Pedro Laín Entralgo, *Descargo de conciencia (1930-1960)*, 1976.
  - "Tener un proyecto de vida y realizarlo es algo que solo sucede en ciertas biografías noveladas." Dionisio Ridruejo, *Diario de una tregua*, 1972.
- **Psicópata**. "Entre las características del psicópata destacan la falta de empatía –son incapaces de ponerse en el lugar de los demás- y la carencia de remordimientos –no tienen conciencia-." Eduardo Punset, *El alma está en el cerebro*, 2006.
- **Pubertad**. "La pubertad no es edad alegre; es edad de turbulencia y de melancolía." Pío Baroja, *Desde la última vuelta del camino*, I, 2006.

- **Público**. "Al público le gusta la obra del escritor que sea como un saco lleno de monedas brillantes, aunque falsas." Pío Baroja, *Desde la última vuelta del camino, II*, 2006.
  - "El éxito rápido no se puede conseguir más que adulando al público, pintándolo bueno, interesante, gracioso, amable; es decir, mintiendo." Pío Baroja, *Desde la última vuelta del camino, II*, 2006.
  - "El público no existe; es un puro papel, una pura ficción, una pura afectación." Rafael Sánchez Ferlosio, *Ensayos y artículos*, I, 1992.
- **Punto de vista**. "El punto de vista individual me parece el único punto de vista desde el cual puede mirarse el mundo en su verdad." José Ortega y Gasset, *El espectador I*, 1916.
- **Puntualidad**. "Todavía que un hombre extraordinario no sea puntual y que tenga costumbres caprichosas se puede aguantar; pero que un necio cualquiera pretenda vivir en un desorden que le parezca genial es desagradable." Pío Baroja, *Desde la última vuelta del camino, I*, 2006.
  - "… se debe hacer de la puntualidad una exigencia ética y no una mera cuestión de cortesía." Ignacio Buqueras, ABC, 27/10/2007.
  - "La puntualidad es la comodidad de tener el arrepentimiento de otro en vez del nuestro." Ramón Gómez de la Serna, *Greguerías*, 1979.

Q

- **Quejas**. "Tal vez aprendamos de nuevo ese sentimiento olvidado que no es resignación ni renuncia, y que nos permite seguir adelante sin la permanente queja que nos amarga: el sentimiento sereno de estar conformes." Javier Marías, *Harán de mí un criminal*, 2003.

- "Vivimos vidas que no son las nuestras; respondemos a interrogantes que nadie nos ha formulado; nos quejamos de enfermedades que no padecemos; aspiramos a ideales ajenos y soñamos los sueños de otros." Pablo d'Ors, *Biografía del silencio*, 2012.

- **Quietud**. "¿Cuántas personas son capaces de estar quietas y en silencio más de dos minutos?" Luis Racionero, *Guía práctica para insatisfechos*, 1997.
  - "Es maravillosos constatar cómo conseguimos grandes cambios en la quietud más absoluta." Pablo d'Ors, *Biografía del silencio*, 2012.

R

- **Racional**. "Todo lo vital es irracional, y todo lo racional es antivital, porque la razón es esencialmente escéptica." Miguel de Unamuno, *Del sentimiento trágico de la vida*, 1913.
- **Raros**. "Los tipos raros llegaban alguna vez a los primeros puestos de la genialidad admitida o del talento no discutido. Tipos raros fueron Santiago Ramón y Cajal, Mariano Benlliure y don Ramón del Valle-Inclán." César González Ruano, "Tipos raros", Pueblo, 26/3/1955, *Obra periodística*, (1943-1965), II, 2003.
- **Razón**. "Por esto seguramente, a medida que envejecemos, aunque pongamos pasión en afirmar lo que sabemos, nos importa cada vez menos *tener razón*." José Jiménez Lozano, *Los cuadernos de la letra pequeña*, 2003.

- "Ni la razón ni la vida se dan por vencidas nunca." Miguel de Unamuno, *Del sentimiento trágico de la vida*, 1913.
- "Yo he vivido bastante y he acabado por acostumbrarme a creer que la razón la tenemos siempre entre todos." Alejandro Casona, *Nuestra Natacha*, 1936.
- "Parece que la Humanidad no está preparada para internalizar el imperativo categórico de la razón..." Luis Racionero, *Guía práctica para insatisfechos*, 1997.
- "He dedicado gran parte de mi vida a mostrar la fuerza de la razón, tan útil para comprender la realidad." Julián Marías, *La fuerza de la razón*, 2005.

• **Realista**. "Mi inclinación, atendiéndome a la inseguridad de las etiquetas, y sin creer demasiado en ellas, ha sido el ser realista, sin juzgar demasiado rotundamente." Pío Baroja, *Desde la última vuelta del camino, II*, 2006.

• **Rechazar**. "Rechazar también es una forma de prestar atención." Fernando Aramburu, *Ávidas pretensiones*, 2014.

• **Rectificaciones**. "... solo conoce los caminos rectos quien erró alguna vez por los torcidos, y la mejor intención no es, quizá, la del hombre impoluto, sino la del que tiene en el alma las cicatrices de muchas rectificaciones." Gregorio Marañón, *Obras completas*, III, 1972.

• **Recuerdos**. "Los recuerdos encogen como las camisetas." Ramón Gómez de la Serna, *Greguerías*, 1979.

- "El recuerdo engaña porque la memoria es mucho más frágil e infiel de lo que parece." Antonio Muñoz Molina, *Todo lo que era sólido*, 2013.
- "Nada engaña más que los recuerdos." Carlos Ruiz

Zafón, *La sombra del viento*, 2001.

- "Yo no tengo los recuerdos bien clasificados en la memoria, cada cual en su época, y muchas impresiones antiguas me parecen modernas, y otras modernas, por el contrario, se me figuran antiguas." Pío Baroja, *Desde la última vuelta del camino, II*, 2006.
- "... los recuerdos no cuentan a la hora definitiva, cuentan las obras, lo que realmente dejamos en los demás." Cristóbal Zaragoza, *Y Dios en la última playa*, 1981.
- "En la desgracia lo importante es el recuerdo. El recuerdo lo vence todo, la alegría, la desgracia. Depende de su intensidad." Max Aub, *Diario (1939-1972)*, 1998.
- "La actitud, la emoción, la imaginación y lo vivido: todo ello influye en nuestros recuerdos." Eduardo Punset, *El alma está en el cerebro*, 2006.

• **Reencarnación**. "El Dalai Lama quiere que sus fieles voten si debe reencarnarse." Jeremy Page, El Mundo, 29/11/2007.

- "En cualquier caso, el hinduismo de pacotilla, el de toda esa gente que cree en la reencarnación (*está demostrado científicamente*, dicen) y cosas por el estilo, eso me produce tanto fastidio como el cristianismo degradado." Salvador Pániker, *Primer testamento*, 1985.

• **Reflexionar**. "Reflexiono para intentar alcanzar el placer de comprender por qué pienso y la manera como lo hago." Fernando Arrabal, *La dudosa luz del día*, 1994.

- "Apenas reflexionamos un poco, nos sorprendemos de nuestra sorpresa." José Ortega y Gasset, *La rebelión de las masas*, 1929.

- **Regalos**. "Ni a los individuos ni a los pueblos se les dan regaladas las cosas valiosas. Es menester imaginarlas, desearlas, conseguirlas, con un esfuerzo continuado." Julián Marías, *La fuerza de la razón*, 2005.
- **Reglas**. "Todas las reglas creo que valen poco, y la mayoría son lugares comunes, más que descubrimientos. Nadie aprenderá nada con ellas." Pío Baroja, *Desde la última vuelta del camino, II*, 2006.
  - "Cuando todo se va al carajo, en mitad del caos en que nos toca vivir, las reglas son lo único que ayuda a mantener la compostura." Arturo Pérez Reverte, *No me cogerás vivo, 2001-2005)*, 2005.
- **Reír**. "Para poder vivir, sufrir, reímos, / riamos, pues, / ya que a sufrir nacimos." Miguel de Unamuno, *Rosario de sonetos líricos,* Poesía Completa, vol. 1, 1987.
  - "Ríete de todo, porque nada importa nada." Fernando Sánchez Dragó, *Libertad, fraternidad, desigualdad*, 2007.
  - "Dicen que la risa es esperanza..." Carlos Muñiz, *Tragicomedia del serenísimo principe don Carlos*, 1980.
  - "Riamos más señores, para ver si así nos damos cuenta de cuán ridículos resultamos cuando tratamos de tomarnos a nosotros mismos en serio." José Mota, "Se nos fue Chiquito", El Mundo, 11/11/2017.
- **Relación entre personas**. "Cualquier relación entre las personas es siempre un cúmulo de problemas, de forcejeos, también de ofensas y humillaciones." Javier Marías, *Corazón tan blanco*, 1992.
- **Religión**. "Su religión es una chochez de viejas que disecan al gato cuando se les muere." Ramón del Valle-Inclán, *Luces de bohemia,* 1920. [Se refiere a la religión de lo españoles.]

- "Y todas las religiones, que yo sepa, coinciden en creer que los dioses deben morir para que los hombres vivan." Fernando Sánchez Dragó, *Libertad, fraternidad, desigualdad*, 2007.
- "Las ideas religiosas, morales, sociales, políticas, no son sino manifestaciones de un desequilibrio del sistema nervioso." Camilo José Cela, *La colmena*, 1951.

- **Remedios**. "El remedio no está en las ideas, el remedio está en ti mismo." Cristóbal Zaragoza, *Y Dios en la última playa*, 1981.
- **Rencor**. "Una de las pocas ventajas del éxito y de que aparezca de pronto, sin tener tiempo a desearlo, es que te cura del rencor." Antonio Muñoz Molina en Juan Ramón Iborra, *Confesionario*, 2001.
  - "El rencor es la caja de caudales de la maldad." Miguel Mihura, "Pensamientos sorprendentes" Fernando Valls, Revista Clarín, 5 nov., 2006.
- **Rendimiento**. "En el trabajo, más que el número de horas, debe importar la efectividad de esas horas." Ignacio Buqueras, ABC, 27/10/2007.
- **Renuncia**. "En la renuncia está la fortaleza, ésa es la vía regia hacia la felicidad." Rafael Santandreu, "Zen", El Mundo, 23/03/2016.
- **Renunciar** "No hace falta vivir de forma austera, sino renunciar a cosas prescindibles." Vicente Ferrer, *El poder de la acción*, 2012.
- **Repeticiones**. "Cuando alguien dice *yo pienso* o *yo creo*, la mayoría de las veces debería en realidad decir: *yo repito*..." Fernando Savater, *Mira por donde, autobiografía razonada*, 2003.

- **Represión**. "La risa es el fracaso de la represión." Enrique Vila-Matas, *Dietario voluble*, 2008.
  - "La energía humana necesita un escape, un empleo; no puede estar reprimida, y aquí hace presa en las cosas pequeñas, insignificantes –porque no hay otras- y las agranda, las deforma, las multiplica." José Martínez Ruiz, Azorín, *La voluntad*, 1903.
- **Resignación**. "Conformidad es casi lo contrario de resignación." Dionisio Ridruejo, *Diario de una tregua*, 1972.
  - "La resignación es un suicidio cotidiano." Álex Rovira en alexrovira.com
- **Respetabilidad**. "La gente es respetable cuando lo es y cuando se comporta como tal; si no, no lo es." Pío Baroja, *Desde la última vuelta del camino, II*, 2006.
- **Responsabilidad**. "… una mala pedagogía de los derechos, (…) ha conducido a una cultura de la reclamación y la queja, en vez de a una cultura de la participación y la responsabilidad." José Antonio Marina, *Memorias de un investigador privado*, 2003.
  - "Cada cual es responsable, no solo y evidentemente, de su propia vida, sino de contribuir con su trabajo a una mejora en la vida del otro y de dejar un legado en forma de servicio, paz, salud, bienestar, prosperidad, amor y consciencia." Álex Rovira en alexrovira.com
- **Revolución**. "Toda revolución, inexorablemente, provoca una contrarrevolución." José Ortega y Gasset, *Mirabeau o el político*, 1927.
  - "La revolución es vida, y, por tanto, crea lo que hace falta." Ramón del Valle-Inclán, entrevista de Francisco Lucientes, El Sol, 20/11/1931.

- "Las revoluciones no nacen de la felicidad; no surgen en épocas de dicha y contento; solo ocurren cuando el país está minado por el mal." Gregorio Marañón, entrevistado por Francisco de Viu, La Voz, 14/9/1931.
- "... hay que derribar mucho y edificar mucho; que, para que se salve nuestro país, hace falta una revolución, y que esa revolución solo la podrán hacer los ministros de instrucción pública." José Francos Rodríguez, en José López Pinillos, *Cómo se conquista la notoriedad*, 1920.
- "La revolución es una de las cosas que más se habla en España; unos para pedirla con urgencias, otros para temerla." Julián Marías, ABC, Doble diario de la Guerra Civil, fascículo 33 (1936-39).
- "La revolución hoy, efectivamente, se llama derechos humanos." Raúl del Pozo, "ZP: Cilindro de Ciro", El Mundo, 24/1/2008.

• **Ricos**. "El rico, sobre todo el aristócrata, pertenecía a una clase superior a la humana" Pío Baroja, *El árbol de la ciencia,* 1911.

- "El modo más eficaz de hacer inofensivos a los pobres es enseñarles a querer imitar a los ricos." Carlos Ruiz Zafón, *La sombra del viento*, 2001.
- "A los ricos es muy difícil robarles, se defienden bien." Alejandro Casona, *Otra vez el diablo*, 1935.
- "Lo malo de que lo tomen a uno por rico viene a la hora de pagar." Camilo José Cela, *Viaje a la Alcarria*, 1948.

- "Los más pobres que existen en el mundo son los ricos." Julio Llamazares, Telemadrid, "Las noches blancas", 2/11/2007.
- "Rico no es el que tiene mucho, sino quien desee menos de lo que puede tener." Luis Racionero, *Guía práctica para insatisfechos*, 1997.

- **Rigor intelectual**. "Hay entre nosotros rigor intelectual mortis." Enrique Vila-Matas, "Rigor y risas", El País, 14/05/2013.
- **Risa**. "La risa es el fracaso de la represión." Enrique Vila-Matas, *Dietario voluble*, 2008.
  - "La risa, esa divina merced que Dios solo al hombre se ha dignado conceder." Manuel García Morente, "Sobre la risa", Revista General, 1 febrero 1918.
  - "… quien no conoce la risa es susceptible de conocer la pena, y ésta es aún más compleja." Javier Marías, *Harán de mí un criminal*, 2003.
  - "No sabía yo entonces que la risa era revolucionaria, que la risa era para las fuerzas reaccionarias lo más peligroso que existe." Enrique Vila-Matas, *El traje de los domingos,* 1995.
- **Robar**. "La tentación es permanente para quien tiene acceso a la caja." Aurelio Arteta, Entrevista, El Español, 27 marzo, 2016.
- **Románticos**. "… pertenecía a esa raza de románticos en los cuales la esperanza no se agota nunca." Julio Camba, *El Mundo*, 20/12/1907.
  - "Romántico es el que cree en la caída del hombre pero no en el pecado original." Ramiro de Maeztu, *Autobiografía*, (Editora Nacional) 1962.

- **Rumbos**. "Todos los humanos hemos conocido a lo largo de nuestra existencia algún instante como ése, en que un encuentro inesperado nos proporciona una luz o nos señala un rumbo que luego resulta importante o acaso decisivo." José María de Areilza, *Paisajes y semblanzas*, 1988.

S

- **Saber**. "Afán de saber y afán de no errar son dos ímpetus esenciales al hombre." José Ortega y Gasset, *Kant*, 1924.
  - "La gente quiere saber y basta con tener una sospecha de que algo se le oculta para que tenga una necesidad o deseo de saber, de averiguar." Javier Marías, en Juan Cruz, El País, 15 feb., 2017.
  - "Es imprescindible saber: el que sabe, puede; y el que puede, quiere. Al menos, así lo imaginaba yo." María Martínez Sierra, *Una mujer por caminos de España*, 1989.
  - "No se puede dar por supuesto que lo que uno sabe muy bien lo saben los demás..." Julián Marías, *La fuerza de la razón*, 2005.
- **Sabios**. "S*abio* es un sinónimo de imbécil distraído." Delfín C. Marshall, *Un antro de perdidos* 1990.
  - "La imagen del sabio distraido, que vive al margen de la sociedad, obsesionado por la ciencia, es una de tantas fábulas que creo el siglo XX." Julio Caro Baroja, *Los Baroja*, 1972.
- **Salud**. "Lo importante es tener salud. Probablemente esas personas se figuran que el dinero constituye una

enfermedad, y si, en efecto, la constituye, hay que convenir que entre nosotros no ha tenido nunca caracteres endémicos." Julio Camba, *La rana viajera*, 1921.

- "Para una mente reglamentaria y puritana es inconcebible que haya salud sin privación y gozo sin castigo." Antonio Muñoz Molina, *La vida por delante*, 2002.

- "La idea de salud solo se adquiere con la enfermedad." Enrique Vila-Matas, *El traje de los domingos,* 1995.

- **Salvar**. "Pero la mujer que quiere un poco a un hombre siempre piensa que debe salvarle de algo. De otra mujer, por ejemplo." Francisco Umbral, *Diario político y sentimental*, 1999.
- **Santos**. "La mayoría resultamos en vida un tanto *discutibles* pero todos al morir parecemos santos." Gonzalo Alonso, El Cultural, 20-26/9/2007.
- **Secreto a voces**. "Si era un secreto a voces, todos estábamos sordos." Pilar Martínez, El Mundo, 29/11/2007.
- **Sedentarismo**. "… seguir en activo aunque con mesura. A mi juicio, esta es la receta pertinente para los sesentones reacios a enrolarse en una existencia sedentaria, resueltos a no dimitir de una maravillosa vida al aire libre." Miguel Delibes, *Mi vida al aire libre*, 1989.
- **Seducción**. "La palabra es el principal medio de seducción." José María Carrascal, *Al filo de medianoche… y algo más*, 1992.
- **Seguridad**. "En España, por uno de esos equívocos que producen las malas herencias, se ha pensado que seguridad y libertad eran conceptos opuestos." José Antonio Marina, *Memorias de un investigador privado*, 2003.

- "Yo he visto arder muchas bibliotecas, muchas ciudades bombardeadas, y he visto mundos enteros irse al carajo con apretar un botón. Eso me ha liberado de incertidumbres y me ha dado seguridad. Qué paradoja más grande: una de esas seguridades es que da lo mismo." Arturo Pérez-Reverte, entrevista de Tulio Demicheli, ABC, 20/11/2005.

• **Sensibilidad**. "La miseria del pueblo español, la gran miseria moral, está en su chabacana sensibilidad ante los enigmas de la vida y de la muerte." Ramón del Valle Inclán, *Luces de bohemia*, 1920.

- "La sensibilidad es el traje de etiqueta del espíritu." Miguel Mihura, "Pensamientos sorprendentes" Fernando Valls, Revista Clarín, 5 nov., 2006.
- "La sensibilidad se afila como la punta de un lápiz. Hiere el aire. Engendra, naturalmente, susceptibilidad." César González Ruano, "Una sensibilidad", ABC, 15/12/1957, *Obra periodística*, (1943-1965), II, 2003.

• **Sentido común**. "... el descubrimiento no es fruto de ningún talento originariamente especial, sino del sentido común mejorado y robustecido por la educación técnica y por el hábito de meditar sobre los problemas científicos." Santiago Ramón y Cajal, *Los tónicos de la voluntad*, 1912.

- "... ni el sentido común es el más común de los sentidos." José Luis Martín Vigil, *En defensa propia*, 1985.
- "La vida era vida precisamente por eso, porque de pronto aparecía lo inesperado, lo insólito, lo que que-

daba más allá del sentido común.” José María Gironella, *La duda inquietante*, 1988.

- “La primera carácterística del genio es el sentido común.” Francisco Umbral, *Cela: un cadáver exquisito*, 2002.

• **Sentido de la vida**. “La pregunta por es sentido de la vida carece precisamente de sentido.” Salvador Pániker, *Segunda memoria*, 1988.

- “¿Qué importa no saber el sentido de la vida, cuando hemos pasado la vida buscándolo?” Victoria Ocampo, *Testimonios. Décima Serie. 1975-1977*, 1977.

• **Sentidos**. “El amor nos agudiza los sentidos.” Marta Portal, *A tientas y a ciegas*, 1966.

• **Sentimientos**. “Mi tendencia natural es no herir los sentimientos ajenos.” Antonio Vallejo-Nágera, *Yo, el rey*, 1985.

- “Lo que se siente debe decirse, gritarse, verterse.” Antonio Machado, *Cartas a Pilar,* 1994.

• **Sentirse feliz**. “Y ese sentirme “Feliz” lo promueve, fundamentalmente, el sentimiento de que puedo estar ayudando a la gente.” Francisco Mora, Entrevista, Eemotional Magazine, oct., 2013.

- “Nacer para vivir / vivir para sentir.” Hanna G.C., *Eterna poesía*, 2017.

• **Ser humano**. “El ser humano es el resultado actualizado de todo lo que aprende y memoriza.” Francisco Mora, *El bosque de los pensamientos*, 2009.

- “El derecho natural fundamental, se basa en el respeto a todo ser humano.” Clara Campoamor, 1 octubre, 1931.

- "Hora es de volver a colocar al ser humano en el centro del universo." Andrés Sorel, *Liberación*, 1985.
- "... cuando muere un animal el mundo se hace más triste y oscuro, mientras que cuando desaparece un ser humano, lo que desaparece es un hijo de puta en potencia o en vigencia." Arturo Pérez Reverte, *No me cogerás vivo, 2001-2005)*, 2005.

• **Seriedad**. "No soy capaz de tomarme en serio, y, por lo tanto, de ponerme en las últimas por lo que haya podido hacer. No está uno seguro de no haber escrito una inanidad, y esto es suficiente peso allá dentro, pero puedo reírme perfectamente." José Jiménez Lozano, *Los cuadernos de la letra pequeña*, 2003.
- "Todo el que se coloque ante la existencia en una actitud seria y se haga de ella plenamente responsable, sentirá cierto género de inseguridad que le incita a permanecer alerta." José Ortega y Gasset, *La rebelión de las masas*, 1929.

• **Sexo**. "La fuerza del sexo nivela a todas las mujeres." Pío Baroja, *Desde la última vuelta del camino, I*, 2006.
- "Creo más en el sexo que en el amor, como creo más en la fruta que en la flor." Francisco Umbral, *Diario político y sentimental*, 1999.
- "La práctica sexual es la realización de la persona." José María Gironella, *La duda inquietante*, 1988.
- "El sexo es una posibilidad y no una obligación." Antonio Gala, *La regla de tres*, 1993.

• **Sí**. "Nunca digas *sí* si no estás seguro de lo que afirmas o de poder cumplirlo." José María Carrascal, *El mundo visto a los 80 años*, 2014.

- **Siempre**. "*Siempre* es un adverbio que señala un tiempo indefinido, pero que, en este mundo traidor, está bien claro que termina." Jaime de Armiñán, *La dulce España*, 2000.
  - "Hoy es siempre todavía, toda la vida es ahora." Antonio Machado, *Proverbios y cantares*, 2014.
- **Silencio**. "Permanece atento y oirás los himnos secretos de tu alma." Cristóbal Zaragoza, *Y Dios en la última playa*, 1981.
  - "El silencio en quietud es muy diferente al silencio en movimiento." Pablo d'Ors, *Biografía del silencio*, 2012.
  - "He tenido que aguantar el despecho de los autores no elogiados o silenciados (el silencio es también un juicio) y la iracundia de los enemigos de los elogiados." Rafael Cansinos-Asséns, *La novela de un literato 3*, 1995.
  - "Lo profundo, por excelencia, es el silencio." José Ortega y Gasset, *Ideas y creencias*, 1965.
  - "Porque el silencio es un espejo de lo que somos, y lo que somos no nos gusta. Por eso huimos de ello." Pablo d'Ors, ABC Cultura, 03/09/2014.
  - "Me dejaré vivir en tu silencio." Clara Janés, Entrevista, El País, 6 nov., 2015.
  - "La meditación es silencio, y para guardar silencio no hace falta ningún gurú." Salvador Pániker, *Cuaderno amarillo*, 2001.
- **Símiles**. "… el primer hombre que comparó a una rosa la boca de una mujer fue un poeta, y el segundo, un tonto." Eduardo Marquina, *Días de infancia y adolescencia*, 1964.

- **Simpático**. "Es demasiado sencillo eso de que no es simpático quien quiere sino quien puede." César González Ruano, "La simpatía", ABC, 18/6/1960, *Obra periodística*, (1943-1965), II, 2003.
- **Sinceridad**. "Hasta los hombres sinceros nos mentimos a nosotros mismos." Juan Antonio Vallejo-Nágera, *Yo, el rey*, 1985.
  - "La confesión con nosotros mismos, la sinceridad, es un imperativo categórico." José María Carrascal, *Todavía puedo*, 2018.
  - "No hay diálogo ni democracia posible en términos de extrema sinceridad." Ignacio Vidal-Folch, "Una presencia silenciada", El País, 5 julio, 2015.
  - "Lo único que puede escandalizarme y parecerme poco respetuoso sería descubir que no sois totalmente sinceros conmigo…" Fernando Savater, *El jardín de las dudas*, 1993.
- **Síntomas**. "… lo más probable cuando una persona tiene síntomas de enfermedad es que se halle enferma y que si no los tiene está sana." Ramón J. Sender, *En la vida de Ignacio Morel*, 1969.
- **Soberbia**. "La soberbia es el más prolífico de los pecados capitales, un delta, un desovadero de pecados." Tomás Eloy Martínez, *El vuelo de la reina*, 2002.
- **Socializar**. "Socializar al hombre es hacer de él un trabajador en la magnífica tarea humana, en la cultura, donde cultura abarca todo, desde cavar la tierra hasta componer versos." José Ortega y Gasset, *Personas, obras, cosas*, 1904 – 1916.

- **Soledad**. "Una de las mayores penitencias de la vejez: el irse quedando solo." José María Carrascal, *Todavía puedo*, 2018.
  - "Solo sabe de intimidad quien sabe de soledad." José Ortega y Gasset, *Kant*, 192.
  - "La civilización ha convertido la soledad en uno de los dones más delicados que el alma humana puede alcanzar." Gregorio Marañón, *Vida e historia*, 1940.
- **Sólido**. "Nada es tan sólido que no pueda desvanecerse mañana mismo en el aire." Antonio Muñoz Molina, *Todo lo que era sólido*, 2013.
- **Solos**. "Si te sientes solo y a oscuras, algo de tí atrae como un imán lo que has perdido y lo llamas para que te haga compañía." Rafael Pérez Gay, "Visitas nocturnas", Milenio.com, 26/7/2017.
  - "La situación de extrema felicidad se logra cuando se está solo, seguro y tranquilo." Vicente Ferrer, *El poder de la acción*, 2012.
- **Sonrisas**. "La mejor forma de asalto es la ironía; la mejor arma, la sonrisa; la máxima ofensa, ni siquiera citar al que se ataca, negándole incluso la existencia." José María Carrascal, *Al filo de medianoche... y algo más*, 1992.
  - "La sonrisa de la mujer nos habla de las vibraciones de su alma." J. L. Cidón Madrigal, *Stop a la celulitis*, 1995.
  - "Buscaba simpatía con alardes de bondad y desprendimiento, igual que sonriendo buscamos la sonrisa y besando buscamos el beso." Concha Alós, *Las hogueras*, 1964.

- **Sorprenderse**. "Sorprenderse, extrañarse, es comenzar a entender." José Ortega y Gasset, *La rebelión de las masas*, 1929.
- **Sosiego**. "Y el sosiego es algo que hay que alcanzar en la vida, tras haber quemado media vida en su persecución." Camilo José Cela, *Cuatro figuras del 98 y otros retratos y ensayos españoles*, 1961.
  - "Todo lo valioso tarda en aprenderse, y por eso es tan necesario el sosiego y la lentitud, que también se aprenden, porque lo natural en nosotros quizá sea el apetito atolondrado, el deseo de la fruición instantánea." Antonio Muñoz Molina, *La vida por delante*, 2002.
- **Subjetividad**. "Parece haberse olvidado que todos hablamos desde la subjetividad, que esa es la manera más honrada de hacerlo y que no existe la objetividad absoluta." Javier Marías, *Harán de mí un criminal*, 2003.
- **Sudor**. "El llanto es tan saludable como el sudor, y más poético." Alejandro Casona, *Prohibido suicidarse en primavera*, 1937.
- **Suerte**. "En la Ciencia, como en la lotería, la suerte favorece al que juega más, es decir, al que (…) remueve continuamente la tierra del jardín." Santiago Ramón y Cajal, *Los tónicos de la voluntad*, 1912.
  - "La suerte viene si le da la gana, y lo cierto es que no le da la gana casi nunca." Camilo José Cela, *La colmena*, 1951.
  - "… el beneficio de la suerte es siempre de los otros y que, por el contra, en cada uno de nosotros habita la conciencia de un claro e irremisible perdedor." Julio Llamazares, *En Babia*, 1991.

- "Sin valores no puede haber valor, y que sin buena gente no puede haber buena vida ni buena suerte." Álex Rovira en alexrovira.com

- **Sufrimiento**. "Hay quien dice que el sufrimiento de todas clases es propicio a la obra del artista..." Felipe Trigo, *El domador de demonios,* 1917.
  - "... ningún sufrimiento, si no es asimilado, nos hará ni más nobles ni más dignos." Antonio Gala, *El manuscrito carmesí*, 1990.
  - "Pero lo más hondo del dolor no se explica directamente, porque el verdadero sufrimiento es inefable." Rosa Montero, "Ni pena ni miedo", El País, 10 agosto, 2016.
- **Suicidio**. "El suicidio es la teoría de muchos y la práctica de unos pocos." Enrique Jardiel Poncela, *Espérame en Siberia, vida mía*, 1927.
  - "Recuerda... que el suicidio es una de las modalidades del aborto." Fernando Sánchez Dragó, *Libertad, fraternidad, desigualdad*, 2007.
  - "La compasión viene a ser el antídoto del suicidio, por ser un sentimiento que proporciona placer y que nos suministra, en pequeñas dosis, el goce de la superioridad." Camilo José Cela, *La colmena*, 1951.
  - "Reivindico el derecho a tirarme por el viaducto, o por donde me salga de los huevos. Porque ya es el colmo que después de convertir la vida de los madrileños en un calvario, este alcalde –o lo que sea- pretenda encima impedirnos escapar de ella." Arturo Pérez-Reverte, *Con ánimo de ofender, (1998-2001)*, 2001. [Se refiere a los paneles de metraquilato instalados para evitar

que se tire la gente por el viaducto.]

– "El suicidio es el desorden por no haber hallado algún tipo de felicidad." Luis Antonio de Villena, *La felicidad y el suicidio*, 2007.

- **Superación**. "Todo ser humano, aun el más humilde y el más desesperanzado, tiene, despierto o latente, el instinto de superación, el ansia de diferenciarse ventajosamente… del resto de todos los demás hombres de la tierra, de los de su país, de los de su clase y oficio." Gregorio Marañón, *El Conde-Duque de Olivares, La pasión de mandar*, 1936.
- **Superioridad**. "Necesitamos que los demás nos crean superiores a ellos para creernos nosotros tales." Miguel de Unamuno, *Del sentimiento trágico de la vida*, 1913.
- **Supervivencia**. "Y ¿cuál es la meta de todo organismo vivo? La supervivencia." Eduardo Punset, *El alma está en el cerebro*, 2006.
- **Susceptibilidad**. "La susceptibilidad española para la crítica, es grande, es disparatada." Antonio Mingote, en José Luis Pécker, "Gente importante" TVE 1973.

T

- **Tabúes**. "Los tabúes se construyen con el miedo a preguntar y el miedo a saber." Xavier Mas de Xaxàs, *Mentiras*, 2005.
- **Talento**. "Existe algo mucho más escaso, fino y raro que el talento. Es el talento de reconocer a los talentosos." Borja Vilaseca, El País, Negocios, 12/8/2007.

– "Lo que importa es el talento, la energía creadora, el

ánimo y una organización adecuada." José Antonio Marina, *Memorias de un investigador privado*, 2003.

- "Cabría afirmar que el trabajo sustituye al talento, o mejor dicho, crea el talento." Santiago Ramón y Cajal, *Los tónicos de la voluntad*, 1912.

• **Técnica**. "... las conquistas de la técnica calientan el estómago del hombre, pero enfrían su corazón. Le hacen individualmente más satisfecho, pero mucho menos solidario." Miguel Delibes en Juan Ramón Iborra, *Confesionario*, 2001.

• **Tedio**. "No me produce la inacción tedio ni vacío; por el contrario, sé hallar en el ocio refinamiento de placer tan intenso que solo yo puedo ser capaz de valorarlo." María Martínez Sierra, *Una mujer por caminos de España*, 1989.

• **Tener**. "Para saber lo que falta hay que saber lo que se tiene." Pablo Jauralde, El Cultural, 20-26/9/2007.

• **Teocracia** "La teocracia es incompatible con la democracia." Fernando Savater, El Español, 10 junio 2017. [Se refiere al Islam.]

• **Termómetro**. "La gran revolución de la medicina se inicia con el uso del *termómetro*, que es la primera sonda lanzada al subsuelo del sufrimiento físico, que, antes, solo se colegía desde fuera, por el color del rostro, por la lengua, por el pulso, sobre los que se escribieron tratados extensos." Gregorio Marañón, *Obras completas*, III, 1972.

• **Tiempo**. "Alcancé a comprender que el tiempo nunca se gana, y que nunca se pierde, que la vida se gasta, simplemente." Almudena Grandes, *Malena es nombre de tango*, 1994.

- "El tiempo es, según algunos graves filósofos, el cañamazo en donde bordamos las tonterías de nuestra vida." Pío Baroja, *La busca,* 1904.

- "Uno camina sin saber que el tiempo camina con nosotros." Enrique Vila-Matas, *Suicidios ejemplares*, 1991.
- "El descubrimiento de la escritura implica una cierta forma de superar el tiempo." Emilio Lledó, *El surco del tiempo*, 1992.
- "La propiedad del tiempo está más arraigada en el hombre que la de la tierra." Corpus Barga, *Los pasos contados 2*, 1979.
- "No hay nada que hacer, no hay más que dejar que pase el tiempo hasta que se acabe la porción que a uno le haya sido asignada." Rosa Chacel, *Alcancía vuelta*, 1982.

• **Tolerancia**. "Don Quijote no puede en modo alguno tomarse como símbolo de solidaridad, paz y tolerancia." Gustavo Bueno, *España no es un mito*, 2005.

• **Tontos**. "Lo único que no se puede hacer es escribir mal y ser tonto. Yo prefiero las contradicciones de un genio a la coherencia de un tonto." Francisco Umbral, en Manuel Hidalgo, "Umbral inmortal", El Mundo, 22/1/1993.

- "Todos nos dejamos engañar a la vez, y no porque seamos tontos, sino porque las buenas personas son fáciles de engañar." Almudena Grandes, *El corazón helado,* 2007.
- "Los tontos no quieren más que a los que les adulan, y los listos, ni a esos." Enrique Jardiel Poncela, *Máximas mínimas*, 1937.

• **Trabajar**. "De mí, el día de mañana, se podrá decir que yo era un escritor bueno, malo o regular; ahora, lo que no me podrá decir nadie es que fui un holgazán, porque yo he escrito más que un tostao." Camilo José Cela, El Mundo, 30/4/1999.

- "Toda la civilización no es más que una lucha desesperada del hombre por no tener que trabajar." Julio Camba, *La rana viajera*, 1921.
- "... hay que aprender a fingir que se trabaja mientras se goza, para poder seguir activamente gozando sin trabajar..." Fernando Savater, *Mira por donde, autobiografía razonada*, 2003.
- "Hay que trabajar como si la eternidad estuviera delante de ti." César Antonio Molina, ABC, 22/9/2007.
- "El poder trabajar ha sido para mí una fiesta." Francisco Nieva en Juan Ramón Iborra, *Confesionario*, 2001.

• **Tradición**. "La tradición no admite restauraciones, por muy bien hechas que estén." Julio Camba, *España Nueva*, 16/11/1907.

- "Somos estructuras de memoria; repertorios de vivencias; sedimento de tradiciones y, por eso mismo, manantiales de progreso." José María de Areilza, *Paisajes y semblanzas*, 1988.
- "La tradición es la fuente de la constancia, es la voz de la eternidad que habla en una lengua u otra." Rosa Chacel, *Alcancía vuelta*, 1982.

• **Traición**. "Cuando podáis hacer una cosa a traición, no la intentéis de frente." Alejandro Casona, *Nuestra Natacha*, 1936.

- "La traición forma parte de nuestras vidas. Todos somos traidores, absolutamente todos. Y vivir consiste en eso, en traicionarnos." Félix de Azúa en Juan Ramón Iborra, *Confesionario*, 2001.

- "¿Y qué importa la traición? Es un deber cuando la propia causa es mala." Ramiro de Maeztu, *Autobiografía*, (Editora Nacional) 1962.
- "La verdadera traición que él temía era secreta e inconfesable: la traición a sí mismo." Ana María Matute, *Aranmanoth*, 2000.

- **Tranquilizar**. "No hay nada que tranquilice tanto como quince minutos de buen llanto y buen sollozo." Carmen Rico-Godoy, *Cómo ser una mujer y no morir en el intento*, 1990.
- **Triunfar**. "Todos sabemos que para triunfar es necesario encontrar placer en los sinsabores del oficio escogido." Carlos Fisas, *Historias de la Historia*, 1983.
  - "La frialdad y el cinismo no son causas de vergüenza, sino todo lo contrario, cuando de triunfar se trata." Julio Llamazares, *En Babia*, 1991.
  - "Para triunfar en la vida hay que tener condiciones físicas e intelectuales suficientes, pero es bien cierto que todas las personas se benefician en gran manera cuando realizan cursos y práctica de perfeccionamiento." José M. Rodríguez Delgado, *La felicidad*, 1988.
- **Turbación**. "La serena vida de las plantas es bálsamo para los momentos de turbación." José Antonio Marina, *El misterio de la voluntad perdida*, 1997.

U

- **Universo**. "Yo soy el centro de mi universo, el centro del universo." Miguel de Unamuno, *Del sentimiento trágico de la vida*, 1913.
  - "La ciencia nos muestra lo pequeños que somos fren-

te al universo y lo poderosa que es la mente humana." José María Carrascal, *El mundo visto a los 80 años*, 2014.

- "Todo el mundo está solo en el universo. Los planetas también." Ramón J. Sender, *En la vida de Ignacio Morel*, 1969.

- **Utopía**. "Me niego a renunciar a la utopía." Álex Rovira en alexrovira.com
  - "Del futuro escribo sin cesar porque estimula mi imaginación y porque hablando de lo que puede ser –utopía- contribuimos a que llegue antes." Luis Racionero, *Guía práctica para insatisfechos*, 1997.

V

- **Valentía**. "La valentía mayor del mortal es meterse en el sueño todas las noches." Ramón Gómez de la Serna, *Greguerías*, 1979.
- **Valores**. "No existen valores absolutamente objetivos." José Antonio Marina, *El misterio de la voluntad perdida*, 1997.
  - "La educación es fundamentalmente educación en valores." José Antonio Marina, Qué, 16/02/2018.
  - "En el mundo del hombre... hay valores, hay derechos, hay deberes, hay sentimientos, en los que la ciencia no puede penetrar." José María Carrascal, *El mundo visto a los 80 años*, 2014.
  - "Sin valores no puede haber valor, y que sin buena gente no puede haber buena vida ni buena suerte." Álex Rovira en alexrovira.com

- "La cultura es una cuestión de valores y no de precios..." Luis Racionero, *Guía práctica para insatisfechos*, 1997.

• **Vejez**. "Una de las mayores penitencias de la vejez: el irse quedando solo." José María Carrascal, *Todavía puedo*, 2018.

- "Lo más triste de la vejez es carecer de mañana." Santiago Ramón y Cajal, *Charlas de café*, 1921.
- "Vejez, aquí me tienes." Jorge Semprún, *Federico Sánchez se despide de ustedes*, 1993.
- "Una de la carecterísticas más acusadas de la senectud es criticar a los jóvenes." José María Carrascal, *Todavía puedo*, 2018.
- "Lo malo de la vejez es que le coge a uno viejo..." Fernando Vizcaíno Casas, *Los pasos contados III*, 2002. [Atribuye la frase a Mihura.]
- "La ancianidad (...) me da descaro y me torna invulnerable." Fernando Sánchez Dragó, *Muertes paralelas*, 2006.
- "La vejez consiste en no hacer lo que se piensa." Max Aub, *Diario (1939-1972)*, 1998.

• **Vencer**. "Lo que importa no es vencer, sino convencer..." Fernando Sánchez Dragó, *Libertad, fraternidad, desigualdad*, 2007.

- "Solo tratamos de vencer a quien para nosotros vale la pena de ser vencido." Francisco Umbral, *Diario político y sentimental*, 1999.
- "Hay momentos en que todo, hasta lo más evidente, llega a parecer, por lo lejano, imposible. Son momentos que hay que vencer, como un vicio, a fuerza

de voluntad, de mucha y muy firme voluntad." Camilo José Cela, *Las compañías convenientes*, 1999.

- "No se es más patriota por imponer, se es más patriota por convencer." María Teresa Fernández de la Vega, El Mundo, 27/9/2007.

• **Venganzas**. "Los muertos no se vengan. Somos los vivos quienes les involucramos en nuestras venganzas." Cristóbal Zaragoza, *Y Dios en la última playa*, 1981.

- "El deseo de venganza se mantiene vivo sobre los muertos porque es de índole espiritual." Juan Benet, *En la penumbra*, 1989.

• **Ver**. "Ver para creer y poder decir que parece mentira. Solo lo que vemos existe." Xavier Mas de Xaxàs, *Mentiras*, 2005.

• **Verdad**. "Las partes de que se compone la verdad no tienen por qué ser verdaderas." J.M. Caballero Bonald, *La novela de la memoria*, 2010.

- "La verdad es un ácido corrosivo que salpica casi siempre al que lo maneja." Santiago Ramón y Cajal, *Charlas de café*, 1921.
- "Un buen amigo os dirá siempre la verdad, salvo en el caso de que la verdad sea agradable." Enrique Jardiel Poncela, *Máximas mínimas*, 1937.
- "La verdad está en ese vaso de agua que das al sediento, en el trozo de pan que das al hambriento." Vicente Ferrer, *El poder de la acción*, 2012.
- "Como todo el que cree hallarse en posesión de la verdad tiene cierta tendencia al proselitismo." Pío Baroja, *El árbol de la ciencia*, 1911.

• **Verdades**. "Omitir las verdades no es otra cosa que una variedad refinada de la mentira." Almudena Grandes, *El corazón helado,* 2007.

- **Viaje espiritual**. "El viaje no es adónde, sino con quién... Y el primer con quién tiene que ser, con uno mismo." Pablo d'Ors, Religión Digital, 16 diciembre, 2016.
- **Vicio**. "El vicio es una cuestión de educación; la naturaleza lo ignora." Carlos Fisas, *Historias de la historia, Cuarta serie*, 1986.
- **Vida**. "La vida es constitutivamente un drama, porque es siempre la lucha frenética por conseguir ser de hecho el que somos en proyecto." José Ortega y Gasset, *Artículos (1917-1933)*, 1917-33.
  - "Aceptar el ritmo de la vida es vivir en armonía con el universo." Vicente Ferrer, *El poder de la acción*, 2012.
  - "Vivimos vidas que no son las nuestras; respondemos a interrogantes que nadie nos ha formulado; nos quejamos de enfermedades que no padecemos; aspiramos a ideales ajenos y soñamos los sueños de otros." Pablo D'Ors, *Biografía del silencio*, 2012.
  - "La vida suele brindarnos aquello que no buscamos en ella." Carlos Ruiz Zafón, *La sombra del viento*, 2001.
  - "...la vida es mucho más que eso. Es hacer. Y sentir. Y soñar. En realidad la vida es acción." José María Carrascal, *El mundo a los 80 años*, 2014.
  - "Ni la razón ni la vida se dan por vencidas nunca." Miguel de Unamuno, *Del sentimiento trágico de la vida*, 1913.
  - "Lo último que se puede hacer en la vida es darse por vencido." Manuel Ferrán, *Con la noche a cuestas*, 1968.
  - "La vida no es sino una confusión de asuntos." Francisco Umbral, *Diario político y sentimental*, 1999.

- "Se figuraba que en su vida había una ventana abierta a un abismo. Asomándose a ella, el vértigo y el horror se apoderaban de su alma." Pío Baroja, *El árbol de la ciencia,* 1911.
- "Para mí, como para todos los seres humanos (aunque unos lo noten y otros no), la vida tiene muchos altibajos." Antonio Buero Vallejo en Juan Ramón Iborra, *Confesionario*, 2001.
- "La vida es mucho mejor que nuestros sueños." Pablo d'Ors, ABC Cultura, 03/09/2014.
- "¿Por qué, por qué los árboles tienen tantas primaveras en su vida y el hombre solo una? ¿Por qué esa única primavera humana les es destrozada y arrebatada a tantos?" José Luis Sampedro, *El caballo desnudo*, 1970.
- "¡La vida empieza todos los días!" Alejandro Casona, *Nuestra Natacha*, 1936.
- "… no todo es farsa en la farsa, que hay algo divino en nuestra vida que es verdad y es eterno y no puede acabar cuando la farsa acaba." Jacinto Benavente, *Los intereses creados*, 1907.
- "Detesto a quienes se toman la vida como si fuera una oposición a cátedra y procuran acumular doctorados, méritos diversos, certificados, cursos de aquello o de lo otro, de lo que sea." Fernando Savater, *Mira por donde, autobiografía razonada*, 2003.
- "La vida es poca cosa. Gozad de ella cuanto podáis mientras aguardemos a la muerte, que no es nada." Fernando Savater, *El jardín de las dudas*, 1993.
- "La vida está llena de sorpresas, pero es la vida y se impone." José Luis Sampedro, *Real sitio*, 1993.

- “La vida me ha enseñado a tener una manga tan ancha que por ella puede pasar un camello con un beduino sentado encima de la joroba.” Álvaro de Laiglesia, *Yo soy fulana de tal*, 1974.
- “… la vida es una letra que aceptamos al nacer, sin fecha concreta de vencimiento, a la vista: esto es, cuando se nos ponga al cobro.” Fernando Vizcaíno Casas, *Los pasos contados III*, 2002. [El símil se refiere a las antiguas letras de cambio.]
- “Tenemos pues una vida y esa vida nos pertenece; es, en verdad, nuestro único patrimonio.” Juan Gil-Albert, *Los días están contados*, 1974.
- “Preocupémonos de la vida, que es energía, renovación y progreso. Y continuemos trabajando.” Ramón y Cajal, Santiago. *Recuerdos de mi vida*, 2006.
- “Pocas cosas en la vida llegan antes de lo previsto…” Eduardo Punset, *El alma está en el cerebro*, 2006.
- “La vida es bella. La vida es un asco. La vida es milicia. La vida es sueño. La vida es *ansí*. La vida empieza mañana. La vida es un tránsito. No sé… Posiblemente todo eso es verdad. Pero para mí, modestamente hablando, la vida es tertulia.” César González Ruano, “Prólogo a los lunes”, Pueblo, 11/1/1954, *Obra periodística*, (1943-1965), II, 2003.
- “Lo importante de la vida es no haber muerto.” Ramón Gómez de la Serna, *Greguerías*, 1979.
- “Si la mente funciona bien no hay viejos.” Miguel Gila, Muy Interesante, 2000.

• **Viento**. “No hay buen viento para quien no sabe dónde va.” José Antonio Marina, *Memorias de un investigador privado*, 2003.

- **Virtud**. “La virtud envejece y afea enormemente a la mujer.” Enrique Jardiel Poncela, *Pero…¿hubo alguna vez once mil vírgenes?* Obras completas, 1969.
  - “La virtud… Es un lujo muy caro, y parece imposible que haya muchachas pobres capaces de sostenerlo.” Julio Camba, *El Mundo*, 12/8/1908.
  - “En lo más hondo, lo que la virtud pretende es desculpabilizar la voluntad.” Fernando Savater, Invitación a la ética, 1982.
  - “No hay bromas con la virtud ni van a ir tampoco al cielo las señoras que no enseñan las piernas, entre otras razones porque sus piernas son un asco.” César González Ruano, “No hay burlas con la virtud”, ABC, 4/11/1959, *Obra periodística*, (1943-1965), II, 2003.
  - “No pretendo tener otra virtud que esta de arder ante las cosas.” José Ortega y Gasset, *El espectador I*, 1916.
- **Vivir**. “Si te place, vive; si no te place, estás perfectamente autorizado para volver al lugar donde viniste.” Enrique Vila-Matas, *Suicidios ejemplares*, 1991.
  - “Para las gentes vivir es dejarse flotar sobre el flujo de la vida sin ofrecer resistencia alguna.” José Ortega y Gasset, “De la cortesía o las buenas maneras”, 1918 en ABCD las Artes y las Letras, 27/10/2007.
  - “Vivir es unos dados que nunca sabemos cómo cuadrarán al caer.” Manuel Alvar, *Pasos de un peregrino*, 1991.
  - “Por eso vivir es siempre, siempre, sin pausa ni descanso, hacer.” José Ortega y Gasset, *La rebelión de las masas*, 1929.

- "Vivían como hundidos en las sombras de un sueño profundo, sin formarse idea clara de su vida, sin aspiraciones, ni planes, ni proyectos, ni nada." Pío Baroja, *La busca*, 1904.
- "En un alma bien conformada, vivir es trabajar." Juan Antonio de Zunzunegui, *Esta oscura desbandada*, 1957.
- "Vivir para los humanos, sobre todo en nuestros tiempos, ha sido siempre una sucesión de conformidades, de aceptaciones, de sumisiones." Emilio Lledó, "Necesidad de la literatura", en *Una invitación a la lectura*, El País, 2002.
- "Hemos de pensar, hemos de gozar y hemos de padecer. En una palabra, hemos de vivir." Camilo José Cela, *Cuatro figuras del 98 y otros retratos y ensayos españoles*, 1961.
- "Y vivir es nuestra mayor obligación" Andrés Amorós, El Mundo, 20/4/1996.
- "... vivir es, sobre todo, necesitar." Emilio Lledó, *Días y libros*, 1994.
- "Los días tristes se viven muy despacio y los días felices pasan velozmente." Enrique Jardiel Poncela, *A la luz del ventanal*, en *Obras completas, 1*, 1973.

• **Voluntad**. "Hay momentos en que todo, hasta lo más evidente, llega a parecer, por lo lejano, imposible. Son momentos que hay que vencer, como un vicio, a fuerza de voluntad, de mucha y muy firme voluntad." Camilo José Cela, *Las compañías convenientes*, 1999.
- "Aunque la voluntad es fuerte la carne es débil." Rosario Ferré, *La batalla de las vírgenes*, 1993.

- "Casi todo lo que decimos para explicar la voluntad necesita contar con la voluntad por anticipado." José Antonio Marina, *El misterio de la voluntad perdida*, 1997.

- **Volver atrás**. "Más vale volver atrás que perderse en el camino." Marta Portal, *A tientas y a ciegas*, 1966.
- **Vulgaridad**. "Lo característico del momento es que el alma vulgar, sabiéndose vulgar, tiene el denuedo de afirmar el derecho de la vulgaridad y lo impone dondequiera." José Ortega y Gasset, *La rebelión de las masas*, 1929.
  - "Vivimos un engañoso tiempo de vulgarización. Aun falta el libro que nos adiestre en las artes de lo vulgar, el libro que, para estar a tono con las circunstancias, pudiera titularse *Lo vulgar al alcance de todos*." Camilo José Cela, *Cuatro figuras del 98 y otros retratos y ensayos españoles*, 1961.

Z

- **Zoos**. "Yo no tengo ningún entusiasmo por visitar los parques zoológicos. Un jardín zoológico me da una impresión desagradable de asombro y casi de espanto." Pío Baroja, *Los inéditos de* Hoy, 2003. [Estas ideas demuestran la gran talla intelectual de Baroja.]
  - "La antipatía que me causaba y me sigue causando el circo es la misma que he sentido siempre por los jardines zoológicos y las jaulas, los alambres..." Corpus Barga, *Los pasos contados 2*, 1979.

Patrocinio

Este libro está patrocinado por el blog bilingüe inglés y castellano del autor Delfín Carbonell.

"La lengua inglesa de Delfín Carbonell" es un blog para el aprendizaje paralelo de los idiomas castellano e inglés, con entradas cortas y relevantes, donde se hace hincapié en cuestiones prácticas que no se enseñan en el aula. Abarca gramática, fonética, cultura, historia, usos y costumbres de los mundos anglosajón e hispánico.

Comenzó en el 2010 con la seriedad que le caracteriza y por eso tiene muchas visitas a diario de todo el mundo.

Web: **delfincarbonellingles.blogspot.com**
E-mail: **delfincarbonell@gmail.com**

Nuestras colecciones

CONOCIMIENTO Y SABER

Guías para todos aquellos que deseen ampliar sus conocimientos sobre asuntos específicos, grandes personajes, épocas, culturas, religiones, etc., ofreciendo al lector una amplia y rica visión de cada una de las temáticas, accesibles a todos los lectores.

EMPRESA Y NEGOCIO

Guías para gestionar con éxito un negocio, vender un producto, servicio o causa o emprender. Pautas para dirigir un equipo de trabajo, crear una campaña de marketing o ejercer un estilo adecuado de liderazgo, etc.

CIENCIA Y TECNOLOGÍA

Guías para optimizar la tecnología, aprender a escribir un blog de calidad, sacarle el máximo partido a tu móvil. Orientaciones para un buen posicionamiento SEO, para cautivar desde Facebook, Twitter, Instagram, etc.

CRECIMIENTO PERSONAL

Guías para crecer. Cómo crear un blog de calidad, conseguir un ascenso o desarrollar tus habilidades de comunicación. Herramientas para mantenerte motivado, enseñarte a decir NO o descubrirte las claves del éxito, etc.

BIENESTAR Y SALUD

Guías prácticas dirigidas a la salud y el bienestar. Cómo gestionar mejor tu tiempo, aprenderás a desconectar o adelgazar comiendo en la oficina. Estrategias para mantenerte joven, ofrecer tu mejor imagen y preservar tu salud física y mental, etc.

HOGAR Y FAMILIA

Guías prácticas para la vida doméstica. Consejos para evitar el cyberbulling, crear un huerto urbano o gestionar tus emociones. Orientaciones para decorar reciclando, cocinar para eventos o mantener entretenido a tu hijo, etc.

OCIO Y TIEMPO LIBRE

Guías prácticas dirigidas a todas aquellas actividades que no son trabajo ni tareas domésticas esenciales. Juegos, viajes, en definitiva, hobbies que nos hacen disfrutar de nuestro tiempo libre.

Guías para aprender o perfeccionar nuestra técnica en deportes o actividades fisicas escritas por los mejores profesionales de la forma más instructiva y sencilla posible.

Autores para la formación

Editatum y **GuíaBurros** te acercan a tus autores favoritos para ofrecerte el servicio de formación GuíaBurros.

Charlas, conferencias y cursos muy prácticos para eventos y formaciones de tu organización.

Autores de referencia, con buena capacidad de comunicación, sentido del humor y destreza para sorprender al auditorio con prácticos análisis, consejos y enfoques que saben imprimir en cada una de sus ponencias.

Conferencias, charlas y cursos que representan un entretenido proceso de aprendizaje vinculado a las más variadas temáticas y disciplinas, destinadas a satisfacer cualquier inquietud por aprender.

Consulta nuestra amplia propuesta en **www.editatumconferencias.com** y organiza eventos de interés para tus asistentes con los mejores profesionales de cada materia.

www.ingramcontent.com/pod-product-compliance
Lightning Source LLC
LaVergne TN
LVHW101945220826
846093LV00006B/110

9788417681005